_____ 님께

이 책 한 권이
당신의 운명에 등불이
되길 기원합니다.

쓴 저환

장사 교과서

- ④ 직원편 -

직원을 변화시키는 사장의 교육과 장사 철학

장사 교과서 ④ 직원편

초판 1쇄 인쇄 2024년 1월 30일
초판 1쇄 발행 2024년 2월 13일

지은이 손재환

발행인 백유미 조영석

발행처 (주)라온아시아
주소 서울특별시 서초구 방배로 180 스파크플러스 3F

등록 2016년 7월 5일 제 2016-000141호
전화 070-7600-8230   **팩스** 070-4754-2473

값 18,000원
ISBN 979-11-6958-095-3 (13320)
세트 ISBN 979-11-6958-080-9 (14320)

라온북은 독자 여러분의 소중한 원고를 기다리고 있습니다. (raonbook@raonasia.co.kr)

직원을 변화시키는 사장의 교육과 장사 철학

손재환 지음

장사 교과서

장사 교과서 시리즈 ④

직원편

SELF 2G

시대가 변했고 직원이 변했다
직원과 상생이 매장의 성장법이다!
600만 자영업자가 읽어야 할 필독서

30년 장사
경력의 베테랑
경영 지침서
★★★★★

100,000명 이상
고객경험의
실무 경영서!
★★★★★

한국능률협회
컨설팅디렉터
황창환 박사
강력 추천
★★★★★

RAON
BOOK

한국능률협회 컨설팅디렉터
황창환

우리나라에는 수많은 사장님이 소신껏 현장에서 열성적으로 사업을 하고 있습니다. 이른 아침부터 늦은 시간까지 직원들과 함께 최선을 다해 일하지만, 대부분은 고전을 면치 못 합니다. 성공과 정착은 어렵고, 어렵사리 시장에 정착한 사업도 얼마 안 돼 주저앉기 일쑤이고, 지속적인 성장은 더더욱 힘든 것이 현실입니다. 저자는 이를 너무나 안타깝게 생각했고 거기에 어떤 구조적 문제가 있는지를 고민해 왔습니다. 중소기업의 대표로서 자기 일도 버거웠을 텐데, 저자는 아무도 시키지 않았지만 현장에서 사업을 지속적으로 성장시키는 경영의 해법을 찾는 데 몰두했습니다. 참 특이한 사람입니다. 저는 저자와 그런 부분에 뜻이 통해 정기적으로 많은 이야기를 나눴었고, 해법에 대해 진지하게 논의하였었기에 그 생각을 잘 알 수 있었습니다.

그런 저자가 오랜 고민과 노력의 결과라며 원고를 보여주었습니다. 얼른 읽어보니 저자를 닮은 책입니다. 사업의 근본에 집중했고, 거기에 현실 경영과 유연성을 더하였습니다. 중소, 중견기업이 갖추어야 할 경영 원칙과 현장의 원칙, 그리고 시장에서 무서운 경쟁력을 가지기 위한 세부적인 내용까지 담았습니다. 성장과 안정을 절묘하게 균형을 찾아 4권의 책에 배치해 놓았습니다. 평소 날카로움과 부드러움, 큰 비전과 정확한 일 처리, 논리적이면서 열정적인 저자와 꼭 닮은 책이라는 생각입니다.

장사를 하시는 많은 분이 내부에서만 사업의 답을 찾으려고 합니다. 참 안타까운 일입니다. 세상에는 '정해진 미래'라는 게 있습니다. 콩 심은 데 콩 나는 것, 강철 체력 어른이라도 100m만 전속력으로 뛰면 그 다음에는 어린아이에게도 뒤처진다는 것, 철근을 적게 쓴 건물은 균열이 생긴다는 것, 이런 것이 정해진 미래입니다. 제대로 된 사업방식은 정해진 미래로 안내해주는 지침이 됩니다. 저자는 자신의 풍부한 실전 경험과 치열한 연구로 그것을 알려주면서 사장, 고객, 직원, 매장의 핵심 주제를 다룹니다.

이 책은 지식을 넘어서 사업가의 생각과 인사이트를 꼬집는 책입니다. **"사업은 모든 것에 집중하는 것이다"**라는 저자의 말처럼 이 책을 통해 새로운 시각과 실천이 생겼으면 좋겠습니다.

대전환의 시대,
어떻게 장사할 것인가?

코로나로 인한 비대면 시대를 겪으며 장사하는 사장들이 많이 힘들어하는 모습을 보았다. 이제는 코로나 시대가 끝나고 여행길도 다시 열리고 모임도 시작됐건만 생활은 이전과 똑같지만은 않다. 코로나 팬데믹을 극복하자고 각국의 정부는 통화량을 늘렸고 위드 코로나 시대가 되자 금리가 올라가기 시작했다. 이러한 경제 환경의 변화로 사람들이 쓸 수 있는 실제 돈의 양이 줄었다. 당연히 소비 심리도 예전 같지는 않고 장사하는 사장들은 여전히 힘들다. 변화가 온다는 건 명확한데 어떻게 살아남고 어떻게 돈을 벌 것인지 많은 사장들이 고민하고 있다.

게다가 대형 매장을 하려면 장사하는 직원들이 꼭 필요한데, 그들이 일을 대하는 자세와 생각이 사장과 너무 달라서 곤란한 일이 여기저기서 발생하고 있다. 이럴 때는 시대를 반영하되 기본으로 돌아가서 장사의 본질을 다시 생각해봐야 한다고 본다. 사장의 장사 철학과 라이프 스타일도 재점검해야 한다. "요새 애들 왜 그래"라고 탓하지만 말고 변화의 주체는 사장임을 인지해야 한다.

내가 장사를 시작한 지도 벌써 30년이 넘었다. 20대에 시작해서 30년 동안 많은 어려움과 역경이 있었지만, 장사를 시작할 때부터 항상 변화하려고 노력했던 내 기준이 상황들에 맞게 잘 대처해서 성공할 수 있었다. 사람들은 보통 안정기에 접어들면 이제까지의 고생을 보상받기를 원하는 것 같다. 그래서 많은 사람들이 초심을 잃고 장사의 기본과 처음의 고마운 마음을 잊은 채 밖으로 돌기 시작한다. 안타깝게도 그게 내리막의 시작이라는 건 인지하지 못한다.

그래서 장사한 지 5년 정도 지나면 의욕도 떨어지고 자신감도 떨어진다. 고객관리가 잘 안 되고, 잘 된다고 해도 경쟁 매장이 생겨버리면 내리막이 시작된다. 이 책은 장사를 처음 시작하려는 사람을 위한 책이기도 하지만, 초심으로 돌아가 장사를 업그레이드하려는 사람을 위한 책이기도 하다. "저는 5년 동안 매출 바짝 올려서 권리금 받고 팔 거예요" 하는 단기간에 대박을 꿈꾸는 사장이라면 이 책은 맞지 않다. 장사를 천직으로 알고 잘되는 장사를 오랫동안 지속하고 싶은 사람을 위해서 나의 장사 철학과 운영 노하우를 공개하고자 한다.

어느 날 누군가 말했다. "사람은 두 부류로 나눌 수 있다. 하나는 보살이고, 또 하나는 군자보살이다. 일반적인 보살은 나의 고생을 보상받기를 원하고 이만하면 내 인생을 즐기면서 맛있는 것 먹고 여행 다니고 편하게 살기를 원하는 사람이다. 군자보살은 내가 이룬 성공을 나 혼자에 만족하지 않고 많은 사람들에게 성공할 수 있는 방법과 노하우를 공유해서 타인의 성공을 도와주는 삶을 살아가기를 원하는 사람이다."

이 말을 듣는 순간 나는 앞으로 새로운 삶을 살아갈 수 있겠다는 희열을 느꼈다. 나도 뭔가 세상에 도움을 줄 수 있는 사람이 될 수 있다고 생각했기 때문이다. '나는 군자보살이 되어야겠다. 그래서 다른 사람들의 성공을 도와야겠다. 그러면 무엇을 할 수 있을까?' 고민을 많이 했다. 가만히 보니 장사의 경험과 노하우를 책에 담아 사람들에게 주는 것은 내가 할 수 있겠다고 생각했다. 그래서 그것을 이처럼 행동으로 옮겼다.

장사를 처음 시작하는 사람들은 보통 장사를 쉽게 생각한다. '장사 그거 아무나 할 수 있잖아? 그냥 물건 잘 만들어서 팔면 되겠지.'라고 너무 쉽게 생각한다. 하지만 막상 장사를 해보면 참으로 어렵다. 고도의 심리전이 필요한 게임을 반복하는 것 같다.

가장 흔한 착각 중 하나는 장사와 사업을 혼동하는 것이다. 장사와 사업은 완전히 다르다. 그런데 사람들은 장사와 사업을 같은 것으로 보는 경향이 있다. 장사와 사업에는 많은 차이가 있지만, 그중에서 가장 크게 다른 점은 장사는 아주 깊은 것이고 사업은 넓은 것이다. 장사에서의 사장은 매장에 항상 있으면서 아주 깊이 숨어 있는 고객의 마음을 읽어내야 한다. 하지만 사업에서의 사장은 밖으로 많이 다니면서 인맥도 넓히고 비즈니스 영역도 넓혀가야 하기 때문에 사무실에 항상 머물러 있지 않아도 된다.

어떻게 보면 사업보다 더 어려운 것이 장사라 할 수 있다. 장사는 참으로 변화무쌍하고 다양한 고객의 마음을 하나하나 헤아릴 수 있어야 하기 때문이다. 사람의 마음은 아주 사소한 말 하나, 행동 하나에 갑자기 순식간에 변해버린다. 그 변화는 다채로우며 그 변화를 파악하는 것은 아주 힘들고 그 변화에 대응하는 것은 엄청 어려운 일이다. 이것을 풀어내는 것은 보통 머리로는 할 수 없다. 장사머리와 공부머리는 확실히 다르다고 말하는 사람이 많은데, 나 또한 30년간 장사하면서 내린 결론 역시 그렇다. 공부를 잘하기 위해 유명한 스타강사에게 배우듯이 장사도 반드시 유능한 사장에게 배워야 한다. 그래야 성공확률이 높아진다.

장사는 사실 아무나 하는 것이 아니다. 그래서 장사도 공부처럼 체계적으로 배워서 해야 한다고 나는 항상 주장한다. 그런데 막상 배우려 해도 장사를 가르쳐주는 곳이 별로 없다. 있다 해도 깊이 있는 내용을 찾기가 힘들고 그저 성공을 위해 롱런하는 장사 방법이 아닌, 아이디어로 단기간 매출을 올리는 장사의 스킬을 담은 책을 구할 수 있는 정도인 것 같다.

나 또한 어렵고 힘든 상황에 있을 때마다 누군가에게 묻고 싶었고 배우고 싶었다. 답답하면 서점에 가곤 했는데 경영 책이나 해외 저자가 써놓은 책들을 보면서 나에게 적용해보곤 했다. 그러다가 '한국에는 오래된 실전 경험을 가지고 배움을 나눠주는 사람들이 많지 않은 것 같다. 내가 30년간 경험한 성공할 수 있었던 노하우를 바탕으로 한국의 대표 장사 이론을 세워야겠다.' 그렇게 마음먹고 내 생각을 적어보기로 했다.

장사라는 일이 성립하려면 장사를 결심하고 운영할 '사장'이 있어야 하고, 장사할 공간으로 '매장'이 있어야 하고, 구매를 해줄 '고객'이 있어야 하고, 고객을 응대할 '직원'이 있어야 한다. 이 네 가지 구성요소가 어울려져 잘 되는 장사 집이 탄생하는 것이다. 이 네 가지 주제를 가지고 30년 장사 통해 깨달은 경험과 노하우를 4권의 책으로 정리해 보았고, 장사를 본질을 알고자 하는 사람들과 함께 내용을 공유하고자 한다.

장사의 본질은 시대와 지역을 초월하여 예전이나 지금이나, 해외나 국내나 다르지 않고 변하지 않는다고 생각한다. 부족한 이 책을 통해 장사의 본질을 잘 깨우치고 변화의 흐름에 잘 적응할 수 있는 사고방식과 용기를 얻길 바라며, 시대, 지역, 트렌드 등 여러 가지 걱정 때문에 장사를 시작하지 못하는 예비사장님이나 내리막길에 접어들어 한숨 쉬며 고민이 많은 현재 사장님께도 도움이 되길 바란다.

또한 글로벌 비즈니스나 해외에서의 장사 역시 조건이 다를 뿐 장사의 본질은 같으니, 이 책을 통해 다시 한번 장사를 계획하거나 초심으로 돌아가 처음부터 하나하나 깊이 생각해 보는 시간이 되었으면 한다.

힘들고 어렵고 외로울 때 장사하는 사람들이 나의 경험과 생각을 정리한 이 책들을 통해 위안을 받고 영감을 얻어 힘들어도 다시 용기를 냈으면 좋겠다. 그런 용기와 행동이 반복되면 장사에도 내공이 생겨 반드시 성공할 수 있다고 확신한다.

그리고 만약 이 책을 통해 어느 정도 장사에 성공한다면 매출만 바라보지 말고 이 책을 처음 선택했을 때의 심정으로 '나는 주변 사람들, 고객에게 무엇을 어떻게 도와줄 수 있을까? 나는 이 세상을 살아가며 조건 없이 무엇을 공유할 수 있을까?'라는 생각을 하며 장사하는 마음도 생기길 바란다.

아무쪼록 이 4권의 장사 책 시리즈 덕분에 대한민국에서 장사에 성공하는 사람이 많아졌다는 말을 들을 수 있기를 간절히 기원해본다.

알아서 잘하는
직원은 없다

고객과 직접 대면해서 물건이나 서비스를 판매하는 소매업이나 서비스업 매장에 가면 그곳에서 일하는 젊은 직원들을 볼 수 있다. 그들을 살펴보면 10명 중 1명 정도는 아주 똑똑하고 일을 잘하는 직원도 있지만, 대부분은 일하는 요령이 부족해 보이고, 심한 경우엔 마치 영혼 없이 일하는 것처럼 보인다. 고객이 들어오든 말든 상관없어 하는 것 같기도 하고, 고객이 구경하고 있는 것이 보일 텐데도 핸드폰만 들여다보고 있다. 말을 안 하고 가만히 있는데도 마치 '귀찮으니까 빨리 가세요'라고 말하는 듯한 뉘앙스가 풍겨지는 경우도 있다. 그러나 장사하는 사장은 어쩔 수 없이 그들을 직원으로 써야 하는 어려움이 있다.

칼퇴근이 일상이며 '받은 만큼만 일한다'는 것이 당연시된 세상이다. 그런 마인드를 가진 직원들을 데리고 어떻게 월급 값을 하게 할까 고민하는 사장들이 많다. 문제는 직원이 생각하는 '받

은 만큼'이 어느 정도냐 하는 것이다. 사장이 생각하는 '준 만큼
일 시킨다'와는 갭이 있다. 그 차이 때문에 한숨이 나오는 것이
다.

구인구직 플랫폼 '사람인'이 2020년 기업 451개사를 대상으
로 설문조사한 바에 따르면, MZ세대(밀레니얼 세대인 20대와 Z세대
인 30대)는 이전 세대에 비해 회사에 원하는 것이 다르다(88.2% 응
답)고 한다. MZ세대가 회사에 원하는 것(복수응답)은 '워라밸을 중
시하고 보장을 요구(62.1%)', '조직보다 개인의 이익 우선시(59%)',
'개인의 개성 존중(36.4%)', '자유롭고 수평적인 문화(24.4%)', '공평
한 기회 중시(21.1%)', '명확한 업무 디렉션과 피드백(19.6%)', '개인
성장을 위한 지원 요구(12.1%)' 등이 있었다. 이전에는 조직이 우
선이었던 반면 요즘 시대에는 개인의 삶을 우선하는 상황이 된
것이다. 이것은 세대간 갈등으로 확대되기도 하는데, 장사의 현

장에서도 사정은 다르지 않다. 사장은 직원을 이해하지 못하고, 직원은 사장을 이해하지 못하는 현상이 발생하곤 한다.

나 역시 직원들 때문에 스트레스받고 속상해하던 날들이 당연히 많았다. 미국에서 장사를 오래 했다는 사람의 책에서 "직원은 돌아서면 잊어버리니 절대로 믿지 마라. 800번 얘기해야 알아듣는다"는 말이 있었다. 그러니 절대 포기하지 말라는 뜻이다. 나의 장사 철학과 매장 콘셉트를 구현하려면 직원에게 계속 같은 말을 반복해서 이야기하는 수밖에 없다. 나는 물론이거니와 직원들 마음이 함께 움직여야 하니까 800번 이야기할 각오는 지금도 되어 있다. 100번도 얘기를 안 했는데 벌써 포기할 순 없다. 그런데 좋은 소리도 10번 들으면 짜증나는 게 사람의 심리인데, 앵무새처럼 잔소리를 800번 하고 있는 게 과연 효과적일까 하는 생각이 든다. 그래서 내가 주목한 것은 사장의 직원 교육이었다.

장사하는 매장에서 매출을 극대화하려면 매장의 가치, 사장의 가치, 직원의 가치를 모두 이끌어내야 한다. 매장은 좋은 위치에 있거나 매력적인 시스템을 갖추고 있어야 하고, 사장은 최고의 실력과 친절을 장착하고 있어야 한다(자세한 건 매장편과 사장편을 참고하기 바란다). 마지막으로 직원은 고객 만족을 위해 충분히 제 몫을 해야 한다. 그리고 그것은 결국 사장이 어떻게 하느냐에 따라서 달라진다. 이 점을 놓쳐서는 안 된다.

어떤 성향을 가진 오너가 어떻게 몰고 가느냐에 따라서 그 매장의 구성원들은 달라진다. MZ세대만의 특성이 있다는 것도 맞는 말이지만, 잘되는 매장에 일 잘하는 직원이 있는 이유는 결국 오너가 일을 잘하기 때문이다. 사람 한 명 잘 들어놓으면 알아서 사장 대신 열심히 하던 시대는 끝났다. 예전에는 사장이 그저 매장만 차려놓으면 늦게 출근하고 일찍 퇴근해도 직원들은 먹고살기 위해서 충성을 다해 일을 했지만 요즘은 그게 아니다. 예전에는 사장이 간섭을 안 해도 누구나 알아서 잘 보이기 위해서 평균 이상은 일했기 때문에 사장의 교육이 필요가 없었다. 그런데 지금은 그게 절실하게 필요하다. 바야흐로 사장이 더 열심히 해야 하는 시대다. 사장의 철학과 교육에 따라서 구성원은 달라진다. 오너에게 근성이 없는데 직원이 잘하는 곳은 있을 수 없다. 젊은 직원을 탓하기 전에 기성세대인 오너의 문제다.

그럼 사장은 어떤 오너가 돼야 할 것인가? 교육도 중요하지만 사장의 실력과 도덕성이 우선 뒷받침돼야 한다. 젊은 직원들은 실력과 경험은 모자라도 보는 눈은 정확하다. 성실과 솔선수범은 당연한 것이고, 사장의 도덕성까지 본다. '저 사장 진짜 잘해? 믿을 수 있어?' 의심을 한다. 그래서 사장이 안 하면 당연히 직원도 안 한다. 지금은 사장이 직원의 눈치를 봐야 하는 시대다.

지금의 젊은 세대는 공정성을 목숨보다 중요시한다. 워낙 격차가 큰 사회이다 보니까 공정성이 보증되지 않으면 생존하기 힘들다고 생각하면 이해는 간다. 그리고 사회가 그렇게 발전해야 하는 것 역시 맞는 일이다. 내가 젊었을 때에는 불공정하고 이상한 게 많았다. 어쩔 수 없다고 생각하고 틀린 걸 알아도 적당하게 맞추고 살았다. 그러나 이것이 개인적이고 이기적인 행동을 해도 된다는 뜻은 아니다. 정의와 공정을 외칠 거라면 젊은 직원도 거기에 합당하게 일을 해줘야 앞뒤가 맞는다. 말을 그렇게 해놓고 행동은 거기에 맞지 않는다면 소용없는 말일 것이다.

실수하지 않는다, 약속을 잘 지킨다, 출퇴근 시간을 준수한다 등의 기본은 공정성 있게 제대로 지켜져야 한다. 개인적으로 자신에 대한 허용 오차는 크게 하면서 대외적으로는 공정과 정의를 외치는 것은 정의롭지 못하다. 공정성을 외치려면 자신은 더 완벽해야 한다. 공정성에서는 '그럴 수 있지'라는 게 없다. 이 점을 인지시켜야 할 사람은 사장이다. 마인드 교육을 건너뛰면 사장은 사장대로 열불이 나고, 직원은 직원대로 불만스럽다. '일도 못하면서 복지를 찾고 월급은 많이 달라네', '워라밸이라고? 워크가 안 되는데 어떻게 라이프와 밸런스를 맞춰?'라는 생각이 들겠지만, 시대의 변화에 사장 한 명이 어찌 할 수 있는 방법은 없다. 그보다는 "그래, 다 해줄게. 대신 일만 잘 해주라"라고 마음먹는 것이 속편하다. 이 책에서는 사장과 직원이 서로 윈윈하면서 매장이 성장할 수 있는 법에 대해 이야기하려고 한다.

모든 변화는 사장으로부터 시작된다. 너무나 괜찮은 직원이

혜성처럼 나타나 매장을 변화시키는 일은 없다. 사장이 매장에 붙어 있지 않고 자리 비우고 놀러다니면 젊은 직원들에게는 당연히 존경심이 안 생긴다. '사장님도 똑바로 안 하면서 왜 우리한테만 그래' 하는 마음이 들 것이다. 사장의 말을 따르고 잘할 생각이 안 든다. 사장이면 더욱더 철두철미하고 완벽하게 일을 잘해야 하는 시대가 되었다.

'당신이나 나나 똑같은 인간이잖아. 왜 내가 당신에게 무조건 충성해야 하지? 내가 더 많이 일해서 당신이 돈을 많이 벌었으니까 나도 많이 줘야지.' 요즘 세대 직원의 마인드를 노골적으로 표현해보자면 이렇다. 옛날에는 사장이니까 많이 벌어가는 것에 불만이 없었지만, 지금은 사장이 당연하게 모든 이익을 가져간다는 것에 의문을 품는다. 사장의 태도에 따라 직원의 태도에도 변화가 있을 것이다. 직원이 사장을 보고 인정하는 마음과 존경심이 우러날 때 사장이 하는 말을 이해할 수 있고 공감하는 법이다. 그게 안 된다면 서로 갈 길이 다른 사람끼리 억지로 맞추고 있는 것이다. 그런 곳은 오래 가지 못한다. 직원들에게 무조건적으로 맞출 것을 기대한다면 괜히 스트레스받지 말고 1인 매장을 하는 것이 좋다.

『장사 교과서』마지막 시리즈인 '직원편'은 1인 매장을 하거나 예비 창업자일 때는 쉽게 와닿지 않을 수도 있다. 하지만 직원 때문에 많은 고민을 하고 있는 사장들이라면 꼭 필요한 내용이라고 공감할 것이다. 30년간 내가 수많은 직원들과 함께 일하면서 터득한 내용이므로 직원과 함께 일하고 있거나 직원을 채용할 계획이 있는 분들은 꼭 한번 읽어보고 내가 했던 실수를 없애길 기원한다. 슬기로운 장사 운영에 조금이나마 이 책이 도움이 되길 바란다.

이 책에서는 고객 만족과 함께 직원 만족도를 높이는 법, 일을 대하는 태도, 직원의 능력과 성장을 위해 해야 할 일들에 대해 함께 이야기할 것이다. 총 4편의 시리즈 중 '직원'이라는 주제가 나에게는 가장 어렵고 고민되고, 마음대로 되지 않는 부분이었다. 내 경험을 여러분들과 함께 공유하려 하니, 부디 좋은 장사를 희망하는 분들이라면 사장과 직원이 함께 일하는 데 있어서 놓치지 말아야 할 부분을 생각해보는 시간이 되면 좋겠다.

쓴 저환

Chapter.1
사장이 더 일해야 하는 시대

Chapter.2
장사에서 일이란 무엇인가

Chapter.3
직원이 주인처럼 일할 수 있을까

Chapter.4
모든 교육은 고객 응대에 맞춰라

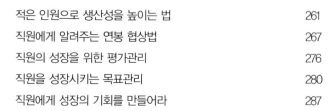

Chapter.5
직원을 성장시키면 매장도 잘 된다

내가 심은 나무는
가지치기를 잘해야 오래간다

The tree I planted live a long time
when it is well pruned.

Chapter.1

사장이 더
일해야 하는 시대

- "라떼는 말이야" 해봤자 소용없다
- 직원이 행복해야 고객이 만족한다고?
- 시대가 변하고 직원이 변했다
- 매장의 항상성을 유지하는 법
- 직원의 가치는 얼마나 올릴 수 있을까
- 직원은 현대판 머슴인가?

"라떼는 말이야"
해봤자 소용없다

    고용노동부가 고시한 2024년 기준 최저 시급 9,860원을 기준으로 환산한 월급은 206만 740원이다. 옛날에는 인건비 부담이 없었기 때문에 직원을 더 쓰고 매출을 늘림으로써 이익을 더 가져가는 것이 가능했다. 이제는 그것이 가능하지 않으며 인건비가 점점 올라가니까 직원 수는 줄여야 하는데 그렇다고 고객이 제공받는 제품이나 서비스의 질이 떨어지면 안 되는 상황에 놓여 있다. 이것을 해결하기 위해서는 적은 수의 직원이 더 많이 일을 해줘야 하지만, 요즘의 젊은 직원들은 복지와 워라밸을 따지는 진퇴양난의 상황 속에서 많은 사장들이 한숨을 쉬고 있다.

    직원 수가 줄었든 늘었든 간에, 신입 직원이 서투르든 아니든 간에, **매장에서 고객은 기대한 만큼의 서비스를 일관되게 제공받**

기를 기대한다. 그것은 사장이 직원을 교육함으로써 가능해진다. 직원이 있는 매장에서 항상성이 유지되지 않으면 결과적으로는 단골이 떨어져나가고 매출이 하락한다. 서비스가 됐든 제품의 질이 됐든 매장의 일관성을 유지하기 위해서 사장은 항상 교육에 힘써야 한다.

교육이 필요한 또 다른 이유는 경제 성장에 따른 변화에도 있다. 공급이 달리는 옛날 시절에는 만들기만 하면 다 팔렸기 때문에 무엇을 추구하는지는 필요가 없었다. 고성장 시대가 가고 언제부터인가 '이 매장은 콘셉트가 뭐야?'라는 소비자의 물음이 생겨났다. 위치가 좋든가 아니면 매력적인 특색이 있어야 장사를 잘할 수 있다. 그게 없는 매장은 외면받은 지 오래다. 그리고 매장의 콘셉트대로 고객 체험이 이뤄지려면 직원 교육을 시켜야 한다.

고성장 시대에는 문 열고 부지런히 일하기만 하면 됐고 소비자들은 일관성 같은 걸 따지지 않았다. 그냥 와서 비싸지만 않고 필요한 물건이 있으면 샀다. 그런데 지금은 예민한 고객들 천지다. 정보로 무장한 고객들은 너무 똑똑해졌고 따지는 것도 많아졌다. 이제는 일을 잘할 수 있는 직무 현장 교육, 그리고 마인드 교육이 따라와야 한다. 일단 이 매장이 제공하는 제품이나 서비스가 들쑥날쑥하지 않고 일관성이 있어야 하는데, 어떤 직원이어도 같은 품질을 제공할 수 있도록 교육은 반드시 필요하다.

장사 철학을 공유해야 한다

사장과 직원은 같은 매장 안에서 같은 목표를 가지고 함께 일하는 사람이다. 1인 매장이 아닌 이상 고객을 직접 대면하고 매출을 올리는 사람은 직원이기 때문에 사장은 고객과 관련한 기준과 철학을 직원과 공유해야 한다.

2020년 '사람인'의 조사에 따르면, 기업의 56.5%가 MZ세대 인재를 관리하는 데 어려움을 겪고 있다고 답했다. 기업이 MZ세대 인재관리에 어려움을 겪는 이유(복수응답)는 이전 세대 직원과 사고방식이 너무 다르고(79.2%), 기존 인사 제도로 관리가 어려운데(23.9%), MZ세대가 조직에서 차지하는 비중은 크기 때문이다(17.6%). 구체적으로 기업들이 어려움을 느끼는 부분은 개인주의가 강하고 조직보다 개인을 우선시하며(67.8%), 불이익에 민감하고(38.3%), 개성이 강하여 조직에 융화되지 않는 점이었다(32.9%). 또 퇴사나 이직을 과감하게 실행하고(32.5%), 언행에 거침이 없으며(20.8%), 이전 세대 방식에 대한 거부감이 크다(15.7%)는 점도 있었다.

한마디로 사장의 마인드와 젊은 직원의 마인드는 차이가 크다. **사장이 장사 철학을 공유하는 마인드 교육을 하지 않으면 직원들은 고객을 매출로만 보고 일할 것이다.** 장사를 오래 하고 싶으면 고객편에서 말했듯이 고객을 돈으로만 보면 안 된다. 이 부분에 대해 직원들에게 자세한 이야기를 하지 않으면, 직원은 고객을 상대로 조금만 틈이 보이면 무리한 판매를 시도할 것이다. 그렇게 파는 데만 집중해서 당기는 판매를 하면서도 스스로 뿌듯해 할 것이다. 물론 장사는 돈을 많이 벌어야 하는 건 맞지만, 오버하지 않고 선을 넘지 않도록 해야 한다. 그냥 놔두면 직원들은 그저 지금만 많이 벌면 된다고 생각할 것이고, 재방문과 다음의 매출을 희생하게 될 것이다.

제대로 된 어부는 작은 치어가 잡히면 풀어준다. 멀리 내다보고 더 커서 오라고 보내는 것이다. 어부는 많은 물고기를 잡으면 좋지만 작은 것까지 다 잡아먹으면 나중에 먹을 게 없다. 장사도 이와 같다. 매출을 당기는 시도를 계속하면 고객들은 집에 가서 생각해 보니까 잘못 샀다고 생각할 것이고, 매장은 결국엔 망할 것이다. '생각할수록 이건 잘 샀어'라는 고객 만족을 이끌어내는 것이 목표가 돼야 한다.

그런데 이런 교육을 안 해주면 직원들은 무리한 판매를 하면서도 열심히 잘 하고 있다고 생각한다. 이럴 때 한 번씩 태클을 걸어주면 '우리 사장님은 무조건 매출만 당기는 것보다 멀리 보고 씨앗을 뿌리는 걸 좋아하는구나' 생각해서, 어린 물고기와 만선을 채워줄 물고기를 선별하는 시각을 키워간다.

많이 팔았는데 좋은 직원이 아니라고?

사장이 매장을 지키지 않고 교육도 없으면 무조건 비싼 것 팔고 매출만 올리면 '능력 있는 사람'으로 본다. 그런데 나는 생각이 다르다. 직원이 고객의 재방문을 염두에 두는지 자세히 본다. 오늘 많이 팔았다고 제일 좋은 것이 아니고, 다음에 고객이 올 수 있도록 여지를 뒀는지가 중요하다. 멀리 내다보고 뿌려놓은 씨앗이 얼마나 되는지도 생각해야 한다. 한 박자 쉬는 고객이 있어야 하는 것이다. 만약 그게 없고 무조건 모든 고객을 테크닉으로 끌어당겨 매출을 올렸다면 장사를 오래할 수 없다.

우리 안경원에 대학교를 갓 졸업하고 처음 들어온 초보 직원이 있었다. 마인드도 좋고 고객 응대를 잘하는데, 그전에 5개월 근무하다가 나갔던 초보 직원과 대비가 됐다. 그전 직원이 있을 때와 이 직원이 있을 때는 매장 분위기도 완전히 달랐다. 이 여직원은 2층 쇼룸에 올라가면 고가의 수입테를 그렇게 잘 팔았다. 1층의 계산대에 있던 직원들도 그걸 보고 좋아하곤 했는데, 실적을 올려주기 때문이다.

이럴 때 대부분의 사장은 이 상황에서 박수를 쳐준다. 오히려 다른 직원에게 "너는 뭐하냐? 초짜도 저렇게 잘 파는데" 이러면서 경쟁을 붙인다. 장사 현장에 나오지 않는 사장은 돈만 세느라 실상을 모를 수 있다. 데이터만 근거로 보면 매출 실적이 높은 사람에게 잘해주고 싶다.

그러나 나는 초보 직원이 근무한 지 석 달 정도 됐을 때 어느 날 수입테를 또 팔고 내려오길래 불렀다. "고가 제품을 파는 건 좋다. 직원이 처음에 오면 비싼 것도 팔아보고 싶고 뭔가 해보고 싶은 거 이해한다. 그런데 너의 욕심을 채우기 위해서 모든 고객을 당기지 마라. 항상 체크해봐라. 내 욕심을 위해서 고객을 꼬신 건가? 고객이 원한 것이면 그래도 되지만, 네가 보여주고 싶고 자랑하고 싶고 으스대고 싶어서 개인적 욕심으로 그렇게 한다면 너는 발전이 없다. 나는 무조건 비싼 걸 많이 판다고 좋아하지 않으니까 이 시간 이후부터 잘 생각해봐라. 너 자신을 위해서 말하는 거다. 너무 잘 보이려고 너무 크게 개인적인 욕심이 들어가서 고객 판매를 이루면 그건 안 된다."

그렇게 말하고 나서 나는 웃으며 말했다. "그렇다고 고가를 팔지 말라고 하는 건 아니다." 그날 저녁에 직원으로부터 문자가 왔다. "대표님, 좋은 말씀 해주셔서 고맙습니다."

어떤 직원은 비싼 걸 팔 수 있는데도 센스가 없어 못 파는 것이 문제이지만, 어떤 직원은 비싼 것만 파는 것이 문제일 수 있다. 사장은 매장을 지키고 있어야 각각의 직원들을 살피고 컨트롤해 줄 수 있다. 자기 욕심, 자기 만족을 위해서 판매를 밀어붙이는 경우가 많다면 옆에서 한 박자씩 눌러주는 것도 교육이 된다. **초보 직원일 때 장사 철학을 심어주고 마인드 교육을 해주면 그에게 평생 남는 지적 재산이 생길 것이다.** 무조건 비싼 것만 판다고 다 좋은 건 아니구나, 고객이 원하는 걸 내가 어떻게 맞춰줘야 진정한 만족이 나올까하고 고민하고 깨닫는 기회가 될 수 있다.

직원이 행복해야
고객이 만족한다고?

기업 경영에서는 직원이 행복하면 고객이 만족하고 회사도 자연스레 행복해진다는 주장이 최근에 많다. 이것은 장사하는 매장에도 적용될까? 오너 입장에서 보면 이건 참 어려운 이야기다. 직원을 무시할 수도 없고 고객을 건너뛸 수도 없는 노릇이다. 장사하는 오너는 두 마리 토끼를 다 잡아야 한다고 생각한다. 어느 한 곳에 치우치면 안 되는데, 나는 대외적으로는 직원에게 "고객이 우선"이라고 이야기한다. "책에는 직원을 만족시키면 고객도 행복하다고 이야기하는데, 나는 해보니까 안 그렇더라. 나는 첫째 고객 만족, 둘째도 고객 만족이다"라고 교육한다. 고객이 만족하기 전에 직원 만족을 충족시키려고 하면 밑도 끝도 없다.

"나는 고객 만족이 중요하니까 너희들도 고객 만족에 포커스를 맞춰라"라고 직원들에게 말은 하지만, 나는 마음속으로는 직원 만족을 위해서 부단히 노력한다. 겉으로 표출하지는 않지만 '직원에게 뭘 해줄 수 있을까?' 고민한다. 직원에 포커스를 맞추면 장사에서는 일을 대하는 자세가 뒤죽박죽될 수 있기 때문에 조심하는 것뿐이다.

기업의 경우에는 고객과 물리적인 거리가 떨어져 있다. 그런데 장사는 바로 앞에서 대면을 하기 때문에 고객 만족이 가장 우선시돼야 한다. 휴대폰을 만드는 기업이라고 해서 직원이 휴대폰을 직접 팔지는 않는다. 그런 곳에서는 직원의 복지를 신경써서 고객 만족으로 연결시킬 수 있다. 그런데 매장에서 직원이 자기 만족을 우선시하면 고객 만족은 외면받고 매장은 지속되지 못한다.

예를 들어, 매장의 오픈이 10시인데 고객이 5분 전에 와 있다면 어떻게 해야 할까? 고객 만족이 우선이라면 영업은 10시에 시작하더라도 들어와서 앉아서 기다리라고 말할 수 있다. 그런데 고객 만족보다 직원 만족이 우선이라면 어떻게 될까? 직원들이 편안하게 영업 준비를 하기 위해서 고객은 뒷전이 될 것이다.

그렇다고 해서 직원 만족은 신경쓰지 않아도 된다는 뜻은 아니다. 다만 장사하면서 가장 즐거울 때가 언제일까 생각해보면 직원과 고객 사이에서 중심을 잡을 수 있다.

고객이 만족하면 직원이 만족한다

매장에서 직원들을 살펴보면 실질적으로 직원들이 만족하는 순간이 있다. 직원은 자신이 제공해준 서비스로 고객이 대만족할 때 가장 기뻐한다. 이건 돈으로 환산할 수 없는 경험적 만족이다. 이 점은 기업 경영과 장사가 서로 다른 점이다. 월급을 많이 줘도 만족은 하겠지만 그 순간은 사실상 잠깐이다.

만약 안경원에서 다른 데 가서 만족하지 못한 클레임 건을 안경사로서 해결해서 고객이 아주 기뻐하고 "우와, 이 사람 진짜 잘한다"는 소리를 들었다면, 그건 돈으로 매길 수 없는 직원의 대만족이다. 고객이 자신을 인정해줄 때 직원은 최고의 희열을 느낀다. 그리고 나서 만족한 고객이 다시 찾아와 자신을 찾을 때 직원은 엄청난 에너지를 얻는다. **결국 고객을 만족시키면 직원의 만족은 그냥 따라오는 것이다.** 회사는 고객 만족이 피부로 와닿는다기보다 한 단계 거쳐서 오지만, 장사에서는 고객 만족이 눈앞에 바로 보이기 때문에 이것이 질적인 근무 환경이 된다.

음식점에서 고객이 "진짜 맛있게 먹었어요"라고 하면 돈을 떠나서 기분이 참 좋다. "이렇게 맛있는 음식은 처음"이라고 극찬을 했다면 직업인으로서 엄청난 기쁨이 된다. '내가 이런 기쁨을 줄 수 있는 좋은 일을 하고 있구나' 싶으면 억만금을 주는 것보다 큰 에너지를 느낀다.

"손님이 왕이다"라는 말을 잘못 해석하면 손님이면 어떤 것이든 해도 된다고 착각할 수 있다. "직원이 만족해야 고객이 만족한다"는 것은 직업적인 만족을 이야기하는 것이지, 직원이 뭐든 마음대로 해도 된다는 뜻은 아니다. '직원 만족'이라고 하면 사장이 직원에게 얼마나 복지를 잘 해주는지, 얼마나 대우를 잘 해주는지 따지는 경우가 있는데, 직원 만족이 곧 복지를 의미하는 것은 아니다. 장사를 스타트업 기업처럼 접근하면 곤란하다. 직원은 '내가 만족해야 편안하게 고객을 만족시킨다'고 오해할 수 있는데, 그렇게 하면 자기 만족이 중요해져서 고객은 뒷전이 된다.

내가 하는 일에 대한 보람을 느끼면 직업의 질이 높아진다. 사람에게는 일하는 기쁨과 보람을 느낄 수 있는 환경이 중요하다. 직원은 고객을 대면하기 때문에 그 고객이 만족하고 행복해하는 걸 보는 경험하는 것이 최고의 보상이자 직원 만족이 된다. 그래서 고객 만족은 곧 직원 만족이다. 이럴 때 물론 사장도 만족을 느끼지만 필드에서 뛰는 직원들이 가장 많이 영향을 받는다.

우리 안경원에는 독일제 최첨단 기계가 있는데, 하루는 한 고객이 이 기계에 대해 이야기했다. 서울의 어느 안경원에서 이 기계로 테스트를 했다고 한다. 원래 우리 매장을 다니던 사람이었는데 서울의 어디가 잘한다는 말을 듣고 방문했다가 선글라스만 사고 왔다고 한다. 거기에선 안경이 편하지 않았다면서 다시 우리 매장에 와서 선글라스를 피팅하고 돋보기를 맞췄다. 전에는 몰랐지만 우리에게도 같은 기계가 있다는 걸 그제야 알았다고 하는데, 우리 직원이 같은 기계로 다시 똑같은 검사를 해주고 나자 고객이 소감을 전했다. "서울의 안경원에서는 설명을 안 해주더라고요. 찍어주기만 하고 간단하게 몇 마디 하고 치우더라고요. 그런데 여기는 디테일하게 설명해주는 게 차원이 다르네요."

똑같은 기계를 가지고 응대를 해도 직원이 달라지면 고객은 다르게 느낄 수 있다. 여기에서는 직원의 진정성을 느낀 것이다. 서울의 안경원은 이제껏 한 번도 만나보지 못한 독일제 첨단기계로 경험은 제공했는데, 그 경험을 극대화시키는 직원의 역할을 사장이 교육하지 않은 것이다. 아무리 좋은 기계가 있어도 직원 교육이 안 됐고 직원 마인드가 갖춰지지 않았다면 고객의 대만족을 이끌어낼 수 없다. 아무리 새로운 경험이라도 직원이 진심을 보여주지 않으면 경험은 완성되지 않는다. 자본만으로는 채울 수 없는 것들이 있다. 한 마디로 직원의 진심어린 서비스가 고객 입장에서는 최고의 경험이다.

직원에게 제공하는 최고의 보상

안경테를 잘 골라줘서 "얼굴이 달라 보인다"고 주위에서 칭찬을 많이 들었다며 직원에게 고맙다고 인사하는 손님은 우리 매장에서 흔하게 볼 수 있다. 직원이 가장 행복할 때는 자신이 제공하는 서비스에 고객이 만족하고 다시 찾아줄 때다. 생리적 욕구, 안전의 욕구보다 인정의 욕구는 더 상위 단계다. 직업인으로서 타인이 나를 인정해주는 것만큼 좋은 것은 없다.

나이가 드신 어르신 중에는 "요새 눈이 침침하고 이상한데 시력이 나빠졌나 봐요" 하고 오는 분이 있다. 이럴 때 검사를 하다가 우리 눈 안의 수정체(가까운 것을 볼 때 초점을 맺게 해주는 구조물)가 뿌옇게 보이는 질환인 백내장을 발견하는 경우가 있다. 안경원에서 좋은 검안기계를 사용하면 수정체의 투명도가 자동으로 측정되기 때문에 진단은 아니지만 백내장을 추측할 수 있다. 이때 "눈이 나빠진 게 아니라 백내장 같아요. 안과병원에 가서 검사부터 해보세요" 하고 의견을 준다. 나이가 들면 가까운 것이 안 보이는 노안이 오게 된다. 그런데 노안 때문에 안 보이는지 백내장 때문에 시력이 나빠졌는지 본인은 자각할 수 없기 때문에 안경원부터 오는 경우가 있다. 그럴 때 병원을 소개해주면 고객은 고마워한다.

백내장은 치료가 필요한 질환인데 그걸 무시하고 안경을 맞춰주는 매장도 있는데, 우리 집에서는 절대 못하게 한다. 고지를 해주면 "직원이 병원 가라고 얘기해줘서 빨리 잘 갔다 왔다"고 고맙다고 한다. 이때 손님은 다른 사람에게 소개해서 데리고 올 때도 있다. 금방은 못 팔았지만 칭찬을 받기 때문에 직원은 기분이 좋고 소개와 재방문으로 이어져 만족도가 올라간다. 직업적인 프라이드가 생길 수 있는 일이다. '여기는 눈에 대해 잘 아네', '여기는 막 팔지 않네'라고 생각하니까 장삿꾼으로 보지 않는다. 동네 안경집 아저씨에서 전문가로 바뀌는 순간이다.

스트레스 주는 진상 고객도 있지만, 만족한 고객의 칭찬을 듣고 인정받으면 그간 스트레스 받았던 것들이 순식간에 없어진다. 직원은 사장이 자신을 칭찬하는 것보다 고객이 잘한다고 하면 더 행복하다. 사장의 칭찬은 일을 더 시키려는 당근으로 보일 수도 있지만, 고객의 칭찬은 만족으로 이어진다. 동료들 보기에도 좋고 사장 앞에서도 자신감이 올라간다.

안경원처럼 특히 기술이 필요한 장사라면 더욱더 핵심은 고객 만족이다. 직원이 진정성 있는 응대를 할 수 있도록 교육하고 고객에게 자신감을 갖고 매출을 올릴 수 있도록 성공 경험을 높여줘야 한다. 그런 경험은 복지나 임금보다 최우선이 돼야 한다. 옷가게에서도 "나는 저 언니가 골라주면 맘에 들어" 하고 자꾸 그 집을 찾으면 성공 경험이 쌓이는 것이다. 옷을 매칭하는 코디 능력도 기술이고 파는 것도 기술이다. 아이쇼핑하고 간 손님이 흐트러놓은 옷을 갤 때는 짜증이 나도 "저 사람은 감각이 있어서 코디를 잘해"라는 말을 들을 때는 직원 만족이 나온다. 한 번 왔던 손님이 다시 와서 나를 찾으면서 "저번에 사간 옷 좋았어요. 이번에도 추천해주세요" 하면 최고의 만족이 나온다.

이게 가능하려면 사장이 해야 할 몫이 있다. 장사라는 전쟁터에서 제대로 싸울 수 있도록 좋은 걸 먹이고 좋은 무기를 많이 만들어주는 것이다. 전장에서는 배고프면 싸우지 못하고 무기가 시원찮으면 힘만 든다. 그래서 투자도 하고 신무기가 나오면 계속 넣어

줘야 한다. 그러면 고객도 만족하고 직원도 해보면 재밌으니까 일에 대한 보람을 느끼고 자부심도 생긴다.

직원에게 최고의 경험을 많이 선사하려면 사장이 첫째로 해야 하는 게 투자다. 투자 없는 경험은 있을 수 없다. 둘째는 직원들을 움직이는 교육을 해야 한다. 셋째는 멘트를 연구하는 것이다. 이건 직원들도 함께 연구해야 하는데, 말에는 힘이 있어서 누가 어떤 말을 하느냐에 따라 경험의 값어치가 달라진다. 안경원에서 똑같은 기계를 가지고 검사하는데 어떤 직원이 어떤 멘트로 어떤 행위를 했을 때는 고객 경험이 극대화된다. 똑같은 기계를 줘도 활용을 못하면 일차원적인 경험밖에 안 된다. 멘트를 잘하는 직원이 나서면 경험의 가치를 증폭시킬 수 있다. 사장은 교육을 통해서 직원이 이 부분을 스스로 느끼도록 지원해줘야 한다. 기계는 누구든 들여올 수 있지만, 직원이 말을 잘하고 연구하면 훨씬 더 가치가 높아진다. 그게 결국 고객 만족을 넘어선 고객 감동이다. 이런 매장은 장사가 계속 잘 되고 직원도 기분이 좋다.

시대가 변하고
직원이 변했다

경기도 의왕시에서 내가 운영하는 안경원은 매장의 업력이 10년 가까이 됐지만, 처음 오픈했을 때와 지금의 매장 콘셉트는 차이가 있다. 간판과 외벽에 붙어 있는 문구들만 봐도 차이를 알 수 있다. 처음엔 '티타늄 안경테 49,000원'과 '안경공장'이라는 문구가 붙어 있었지만, 지금은 구찌(GUCCI), 디올(DIOR), 까르띠에(CARTIER) 같은 명품 브랜드 로고가 붙어 있다.

매장편과 고객편에서도 언급했듯이 장사를 결심한 사장이 매장을 처음 세팅할 때는 두 가지 선택이 있다. 중저가 제품을 구비해 많이 파는 박리다매와 고가 제품을 구비해 적게 파는 후리소매의 두 가지다. 장사를 처음 하는 사람은 보통 싸게 파는 전략으로 시작하는 경우가 많은데, 박리다매도 싸게만 팔면 무조건 잘 되는 것은 아니다. 실력까지 갖춰야 해서 쉬운 일만은 아니다. 반면 후리소매는 나한테 맞는 손님을 골라서 받는 것이라 처음에 판을 잘 짜면 상대적으로 쉽다. 다만 매출에는 한계가 있고 대중화되기 쉽지 않다.

우리 안경원에서는 지난 2020년부터 2022년까지 3년간 많은 변화가 있었다. 그동안 이런저런 실험을 해보고 수정을 해가면서 시스템을 바꾸었다. 사장도 지치지 않고 직원도 신나게 일할 수 있는 환경을 만들기 위해서였는데, 이제는 그 성과들이 나타나고 있다.

박리다매는 사실 에너지가 많이 소요되는 장사라 몇 년 하고 나면 지친다. 우리 안경원도 처음엔 중저가 손님이 많이 들어오는 구조였다. 그런데 예전처럼 직원의 노동력으로 매출을 올리는 게 더이상 효과적이지 않은 시대가 되어가고 있었다. 직원 수를 늘린다고 해서 거기에 비례해 매출이 올라가는 건 기대하기 힘든 상황이었다. 그보다는 고가의 제품으로 매출을 올리는 구조로 바꾸는 것이 합리적이라는 생각이 들었다. **그게 가능하려면 직원의 실력을 높이고 성장을 독려해야 했다.** 그 결과로 직원 수가 적어도 매출은 줄어들지 않는 전략과 전술이 필요했다.

박리다매가 장사의 하수라면 새로 판을 짜서 후리소매를 지향하는 사람은 장사의 고수다. **자기에게 딱 맞는 프레임을 짜서 마진을 크게 가지고 판다.** 나는 고수를 넘어서 장사의 도사가 되고 싶었다. 싼 가격으로 손님을 끌어들인 다음에 어느 시점에 후리소매로 바꾸는 것이다. 그러면 저렴한 가격을 원하는 손님도 비싼 제품을 원하는 손님도 모두 응대가 가능한 매장이 된다. 처음엔 중저가 손님이 많았지만, 코로나 팬데믹을 기점으로 우리 매장은 방문 고객이 줄어들었음에도 고가 손님이 많아졌기 때문에 매출은 줄지 않았다. 이렇게 바꾸는 데 3년이 걸렸다. 절대 한꺼번에 바꿀 수는 없기 때문에 과도기를 3년으로 봤고, **직원의 실력을 높이고 적은 수로도 응대할 수 있도록 시스템과 마인드 교육을 여러모로 손 댔다.**

직원 수를 줄여도 매출은 늘었다?

특히 장사하는 사람들은 금전적으로 불안해서 변화를 주기가 상당히 어렵다. 저렴한 물건을 팔던 사람은 고가의 물건으로 바꾸는 용기를 잘 못 낸다. '저 사람이 과연 이 비싼 걸 살까?' 하고 의문을 품는다. 이런 후리소매의 전환이 가능하려면 **첫째, 실력이 있어야 한다.** 남들이 갖고 있지 않은 차별화된 실력이 있어야 가능하다. 다른 경쟁 점포들보다 뛰어난 실력과 메리트가 있으면 바꿀 수 있다. 그게 없으면 '손님이 다 떨어지지 않을까' 겁이 나서 바꾸지 못한다. **둘째, 오너의 확신이 있어야 바꿀 수 있다.** 자신감을 가지고 지금은 싸게 팔아도 '이 정도면 바뀔 거야'라는 확신을 가져야 한다. 소비자를 읽는 능력이 없으면 한계를 넘지 못한다. 오너에게 확신을 주는 것은 축적된 공부다. 장사에 대한 자신의 신념, 어떻게 하면 소비자들이 올 거라는 분명한 추측은 경험과 노력이 쌓여야 가능한 것이다.

박리다매를 후리소매로 전환하는 시도를 해도 그 과도기를 참을 수 있는 사람은 많지가 않다. '여태껏 했던 거 다 말아먹는 거 아니야?' 하는 불안함이 있는 것이다. 그래서 사람들은 3년을 기다리지 못한다. 새로운 고객이 느는 동안 기존의 손님 중에는 떨어져나가는 사람도 있을 것이다. 그래서 후리소매로의 전환이 가능하려면 **셋째, 과도기를 참아낼 수 있는 인내심이 필요하다.** 고객이 예전보다 바뀐 걸 경험할 수 있도록 서서히 바꾸면서 시행착오를 겪는 동안 그래도 결과는 분명히 나타날 것이라 믿어야 한다.

매장 콘셉트를 바꾸는 것은 사장 혼자만의 생각으로 구현할 수 있는 일이 아니다. 과도기를 겪는 동안 시대 변화와 달라진 콘셉트에 대해 직원들과 공유하고 마인드를 바꾸기 위해 직원 교육에 힘썼다. 그러는 동안 크고 작은 변화가 수시로 이루어졌는데, 아직 검증되지 않은 일을 해나가는 것이었기 때문이다.

뭔가 아이디어가 생기면 이리 바꿔보고 또 아이디어가 생기면 저리 바꿔보고 그러는 동안 직원들은 힘들어했다. 직원들은 본질적으로 편한 걸 좋아하고 변화를 싫어하는 법이다. 그러니 처음엔 '또 바꿔?' 하는 반응이었다. 직원 입장에서는 한 번 정한 건 계속했으면 좋겠는데, 바꾼 지 얼마 안 된 걸 사장이 "이거 아닌 것 같다. 다시 해보자" 하면 힘들어하는 게 당연했다. 나는 "3년은 걸릴 것이다"라고 말하곤 했는데, 지금은 직원 수가 13명에서 7명으로 줄었지만 매출은 줄어들지 않았고 오히려 늘고 있다. 체계가 잡히고 안정이 되니까 직원들도 '이게 진짜 되네?' 하면서 신기해 한다. 사장이 확신을 갖고 추진하는 건 그만큼 중요한 포인트다.

안경원의 예약제만 해도 처음엔 그저 바꾸고 싶다는 염원이 더 컸지만, 3년이 지난 지금은 조금씩 예약이 늘고 있다. 사람들의 고정관념이 있기 때문에 습관을 바꾸는 데는 시간이 걸리기 마련이다. 하루아침에 고객이 내 맘대로 움직여주지는 않는다. 그저 앞으로는 이렇게 가야 한다는 확신이 있으면 그렇게 바꿔가는 것이다.

예약제 같은 시스템은 적은 수의 직원으로도 생산성을 높이기 위한 노력과 관련이 있다. 세상이 안 바뀌면 상관없지만 세상이 나의 의도와는 상관없이 계속 바뀌기 때문에 나도 어떤 식으로 바뀌어야 발맞춰 갈 수 있는지 고민해야 한다. 세상은 바뀌어가는데 우리 매장이 지금 잘 된다고 해서 가만히 있으면 사실은 뒤로 밀려나 도태되는 것이다. 그래서 매장은 계속 변화해야 하고 눈에 보이는 변화뿐 아니라 운영하는 시스템에도 변화를 주고 직원 마인드도 거기에 맞춰 바뀌어야 한다.

매장의 항상성을
유지하는 법

사장은 업종별로 일에 대한 직무 교육은 물론이고, 마인드 교육을 할 수 있어야 한다. 직원이 일을 못한다고 줄곧 일 얘기만 하면 '우리 사장은 돈밖에 모른다'고 생각한다. 그보다는 사람이 살아가면서 기본적으로 지켜야 할 덕목이라든지, 세상의 이치라든지, 다른 것에 빗대어 직원의 성장을 이야기해 주면 받아들이기가 수월하고 교육의 시너지가 올라간다.

장사에서 교육의 가장 큰 목적은 항상성이다. '사장편'에서도 말했듯이 사장은 매장 운영에 관해서는 항상 일정함이 유지되도록 노력해야 한다. 고객에게 일관성 있는 서비스를 제공하는 것이 가장 중요하다. 직원이 많은데 교육을 시키지 않으면 각자가 생각하는 대로 다른 스타일을 구사한다. 그런데 고객은 이 매장을 보고 들어왔기 때문에 직원과 상관없이 일관된 서비스를 기대한다. 이번에 왔을 때 전에 좋았다고 느낀 서비스와 다르면 변질됐다고 생각해 바로 이탈한다. 오너 입장에서 직원들의 개인적인 역량에 의존해 매장을 유지하면 직원의 휴무나 퇴사와 함께 항상성은 무너진다. 그렇기 때문에 교육을 통해서 경영 방침, 고객을 바라보는 기준, 장사에 대한 원칙 등을 쉬지 않고 주입해야 한다.

이 매장이 추구하는 것은 무엇인가? 어떻게든 돈만 벌면 된다고 결론이 나면 장사는 오래 못 간다. 돈을 어떻게 벌어야 하는지, 왜 벌어야 하는지 알고 있으면 어떤 고객이 들어오더라도 직원에 의한 기복이 없이 그 매장의 경쟁력은 일관성 있게 유지된다. 그런 고객의 경험을 일정하게 만들어 주려면 사장의 교육이 꼭 필요하다. 다음의 사례를 한번 생각해보자.

어떤 사람이 한 이발소에 갔는데, 처음 가 본 그곳에서 해준 머리는 이제껏 했던 것 중 상당히 마음에 드는 축에 속했다. 이발사는 다른 곳에서처럼 전동가위를 사용하지 않았으며, 오로지 손으로만 가위를 다루는 달인이었다. 머리를 헹궈야 자르기가 쉽다면서 그는 이발 전에 머리를 감겨주었다. 머리를 자르는 동안은 이발사의 조수 한 명이 커피가 식지 않도록 신경을 썼다. 전체적으로 정말 기분 좋은 경험이었기 때문에 다음번 방문도 미리 예약해놓았다.

그런데 다음에 방문했을 때엔 많은 것이 변해 있었다. 오로지 손으로만 가위질을 하는 대신, 이발하는 시간 중 50%는 전동가위를 사용했다. 머리를 감겨주기는커녕 권하지도 않았다. 그의 조수는 내게 커피를 한 번 가져다 준 뒤로는 신경쓰지 않았다. 그래도 머리 모양은 여전히 마음에 들었다.

한 달 후에 세 번째로 그 이발소를 찾아갔다. 이번엔 이발사가 머리를 감겨주긴 했지만 지난 두 번의 방문 때와 달리 커피는 없었다. 이발사가 와인 한 잔 하겠냐고 예의상 물어보기는 했지만 말이다. 처음에는 조수가 비번인가 생각했으나 조금 있으니 가게 앞에서 바쁘게 물품 정리를 하는 모습이 보였다.

이발소를 나설 때는 이제 더 이상 이곳에 오고 싶지 않다는 생각이 들었다. 이발사는 정말 탁월했으며, 유쾌하고 상냥한 데다가 사업을 잘 아는 듯 보였다. 하지만 이발소가 주는 경험에는 일관성이 결여돼 있었다. 단지 머리를 깎는 게 다가 아니라 그 안에서 경험하는 모든 것이 평가에 영향을 끼치는 법이다.

고객이 늘상 찾던 직원이 없다면

안경원이나 미용실처럼 고객이 특정 직원을 지목해서 응대받기를 원하는 경우가 있다. 그런데 그 직원이 휴무이거나 퇴사해서 부재중일 때는 어떻게 해야 할까? 사장편, 매장편, 고객편에서 장사하는 사장은 현장을 지켜야 한다는 말을 계속 했다. 매장을 항상 지키고 있는 사장이 있다면 이런 문제는 다 해결된다. 찾는 직원이 없을 때는 권한이 있는 사장이 응대해주면 된다. 그런데 찾는 직원 대신 다른 직원으로 대체되면 고객은 불안해한다.

우리 매장에서도 그동안 직원이 많이 바뀌었다. 안경은 회전율이 2, 3년이다. 고객 입장에서는 2년 전 왔을 때 잘해줬던 직원을 찾아왔는데 그 사람이 없으면 순간적으로 당황스럽다. 그럴 때 눈에 익은 사람이 아무도 없으면 돌아갈 확률이 높고 직원도 응대하기가 어렵다. 그런데 사장이 상주하면 그전에 직접 응대를 안 했어도 대개는 누가 사장인지 알고 가기 때문에 불안함이 해결된다.

직원의 능력에 따라 좌지우지되는 매장은 직원의 이동에 따른 매출의 변화가 많다. 사장이 상주하지 않는 매장에서 직원이 바뀌면 그 집은 매출이 오르기 힘들다. 매장의 가치인 자릿값으로만 매출이 유지된다는 얘기다. 그러나 사장이 항상 있었던 매장이라면 직원이 그만둬도 커버가 된다. 직원의 가치가 빠졌어도 매장의 가치, 사장의 가치로 매출을 올릴 수 있다.

장사를 매뉴얼화해서 매장을 10개씩 운영한다는 사람들이 간혹 있다. 그런 경우는 편의점처럼 단순 판매인 업종이 많다. 그렇지만 단순 판매인 소매점조차도 사장의 가치를 발휘하면 매출을 극대치로 올릴 수가 있다. 매장을 여러 개 하는 경우에는 사장이 상주하는 직영점을 제외하면 사장의 가치가 빠진 매출을 올리는 것이다. 한 매장을 직원에게 맡겨서 1천만 원 매출을 올린다면 사장이 들어가면 1천200만~1천300만 원의 매출로 높일 수가 있다.

매장을 여러 개 할 때는 매장의 가치로만 움직이기 때문에 상당한 리스크가 존재한다. 사장이 없는 곳의 매장은 사장의 가치가 제로(0)다. 그래서 우수한 직원이 있는 건 좋지만 그런 직원만 뽑는 것도 사실 위험하다. 직원이 우수한 만큼 퇴사하면 그 매출이 그대로 빠져나가기 때문이다. 이런 문제를 커버하기 위해서는 사장이 그 매장의 얼굴 마담이 돼야 한다. 매장의 가치로만 장사하는 사람은 갑자기 코로나 방역 같은 위험성이 생기면 매출이 확 꺾이면서 폐업까지 염두에 둬야 한다.

한번 폐업을 했다면 다시 오픈한다고 해서 하루아침에 회복되지 않는다. 우수한 직원이 퇴사했다가 다시 돌아오는 경우에도 마찬가지다. 다시 신뢰를 쌓아야 하고 그러려면 몇 년의 세월이 걸린다. 매장 관리가 안 됐던 곳이 금방 회복되는 경우는 없다. 그래서 평상시에 사장이 잘해야 하는 것이다.

백년가게가 존재하는 이유

매장의 가치와 직원의 가치는 시간이 지날수록 쌓이는 게 아니지만, 사장의 가치는 시간이 지날수록 쌓이고 축적되며 흔들리지 않는다. 사장의 가치가 제대로 작동하는 곳은 경기를 안 탄다. 백년가게가 존재하는 건 흔들리지 않기 때문이다. 사장의 가치를 자식이 물려받아 대를 이으면 위험 요소가 대폭 줄어든다.

어느 할머니가 하던 추어탕집은 며느리가 이어받아 2대째 하게 됐다. 할머니는 다 쓰러져가는 데서 장사를 했지만 며느리는 건물을 옮겨서 근사하게 시작했다. 직원도 많아지고 공간도 몇 배 커졌으니까 결과는 모 아니면 도다. 할머니는 매장에 안 나오지만 전통이 있는 걸 보여주기 위해 매장 안에 사진을 크게 붙였다. 사장은 자리를 잡을 때까지 "제가 이 집 며느리예요"라고 손님들에게 어필하며 자리를 지켰다. 결과는 대박이었다.

장사 잘되는 음식점을 인수할 때는 무조건 리스크가 있다. 칼국숫집 할머니가 장사를 잘 하다가 넘겨줬다면 다음 주인은 맛을 그대로 재현해도 평판이 나빠지고 결국 망하는 경우가 많다. 이럴 때는 이전의 주인과 1~2년 같이 한다는 조건을 달아야 한다. 칼국수 원조 할머니가 일은 안 해도 수시로 나와서 얼굴을 비치게 해야 한다. 일은 안 도와줘도 나와서 놀다 가면 된다. 1시간씩이라도 매일 나오는 걸 인수 조건으로 달아야 한다. 필요하면 고문비라도 주면서 인수받은 사장과 함께 있는 모습을 보여야 손님들이 새로운 사장의 얼굴을 익힐 수 있다.

그렇지 않으면 인수하기 전에 종업원으로 1년을 근무하면 된다. 잘 되는 매장은 손님 얼굴을 알고서 인수하는 것이 가장 현명한 방법이다. 손님은 처음 보는 사람이 있으면 의심을 한다. '어, 저 사람 없었는데 누구지?' 경계하다가 사장이 바뀌었다고 하면 괜찮을지 의심부터 품는다. 종업원으로 있다가 인수한 경우에는 단골이 얼굴을 다 안다. 그럴 때 이전 사장이 안 보이면 "인수했나 봐"라고 묻지만 거부감을 가지지는 않는다. 잘 되던 곳이고 알던 직원인데다 잘 하는 직원이었다면 여기는 계속 믿을 만하다고 생각할 것이다. '매장 인수했으니까 이제 돈 벌어야겠네' 생각해서 새로운 주인을 도와주게 된다.

이런 걸 모르면 잘 되는 집을 비싼 값에 인수해서 결국 다 말아먹는다. 그래서 나는 인수로 장사를 시작할 거면 절대로 잘나가는 매상은 인수하지 말라고 조언한다. 오히려 잘 안 되는 매장을 싼 값에 인수하는 것이 성공 확률이 더 높다. 잘 되는 매장은 자리가 좋아서 그런 것도 있겠지만, 사실은 사장이 잘해서 잘 되는 것이다. 그러니 사장이 바뀌는 순간 당연히 사장의 가치는 제로가 되고 처음부터 다시 시작하는 것이다. 이전 단골은 인수하면 다 내 것이 된다고 생각하는 건 착각에 불과하다. 이전 사장이 쌓아놓은 가치는 내 것이 아니다. 내가 가져가는 건 오직 매장의 가치뿐이다.

단골 음식점이라고 해도 보통은 매일 가지 않는다. 어느 날 방문했는데 사장이 없다고 해서 바로 발걸음을 끊지는 않을 것이다. 몇 번 더 갔다가 "사장님 이제 안 나오시나 봐요? 사장님 바뀌었어요?" 그랬을 때 매장을 인수한 사장이 어떻게 말해야 할까? 이때 "사장 바뀌었어요"라고 말하면 손님은 긴장하게 된다. 그런데 장사 센스가 있는 사람은 기지를 발휘한다. "아, 바뀌긴 했는데 제가 여기서 일하던 사람이에요. 여기서 일하다가 인수받았어요"라고 하면 처음 보는 사람이라도 경계가 풀어진다. 실제로는 아닐 수도 있지만 그렇게 말하면 일단 안심하고 재방문 확률도 높아진다.

이런 이치를 모르고 "제가 주인인데요" 하는 순간부터 장사는 힘들어지는 것이다. 그러다가 조금만 실수하거나 이상한 게 있으면 '역시 주인 바뀌더니 영 아니야' 하면서 손님은 발길을 쉽게 끊는다.

직원의 가치는
얼마나 올릴 수 있을까

　내가 처음 장사를 시작했을 때는 10년, 15년 동안 같이 일하는 직원들이 많았다. 그때까지만 해도 직원들과 함께 대국을 이뤄야겠다는 큰 포부를 가졌다. 직원은 나의 분신이며 직원도 잘 되고 나도 잘돼야 한다는 마인드였다. 내가 30대 초반의 젊은 사장이었을 때 지인 중에 나이도 드셨고 산전수전 다 겪은 분이 있었다. 큰 회사의 이사로 있었던 분인데 같이 술도 자주 했었다. 하루는 내게 한 마디 던지셨다. "손사장, 직원이 5년 정도 지나면 호랭이로 변한대이." 그때는 나이가 젊어서 그런지 무슨 말인지 이해가 가지 않았다. 무슨 뜻이냐고 했더니 "해봐라. 나중에 주인 문대이" 하셨다.

　지금 그분의 나이가 되고 보니 이제 직원을 보는 기준이 바뀌었고 그분 말이 맞았다는 생각이 든다. 예전에는 직원이 퇴사 의사를 밝히면 못 나가게 하려고 설득하는 데 집중했다. 그런데 이제는 세상을 살아보니 차라리 서로 관계가 좋을 때 보내주는 것이 좋은 선택이라는 걸 알게 되었다. 관계가 좋을 때 헤어지는 게 추억도 인연도 좋은 채로 마무리할 수 있는 방법이다.

사람은 오래 같이 일하면 섭섭함이 몽글몽글 생긴다. '내가 당신한테 10년 동안 돈을 벌어다 줬는데' 하는 생각을 하는 게 직원의 입장이다. '내가 충성해서 이만큼 해줬는데 당신은 이렇게 잘 살고 나한테 남은 건 뭐지?' 하는 생각이 드는 것이다. 물론 월급은 꼬박꼬박 줬지만 '사장이 집 사고 차 사는 동안 나는 머슴처럼 일하고 월급만 받았네' 싶은 것이다. 특히나 옛날에는 최저 임금이 높지 않았기 때문에 월급이 10년 내에 늘어봤자 얼마 안 된다고 생각했다.

게다가 장사하던 직원들도 10년 정도 지났으면 독립해서 자기 가게를 꾸리고 싶을 것이다. 욕심은 생기는데 그걸 채워주지 못하면 마음이 뒤틀리고 그 결과 불미스러운 비리 사건이 발생하기도 한다. 장사하는 매장은 어차피 직원 수가 많지 않기 때문에 자신이 매장에 벌어다주는 금액을 대충 안다. 자신이 더 일한 만큼 그와 비례해서 돌아오는 게 없고, 똑같은 월급만 받으니 뛰쳐나가거나, 안 나가고 있는 사람은 섭섭한 마음이 쌓여서 뒤로 챙기겠다는 욕심이 생길 수 있다. 매출액이 큰 기업의 경리 직원이 횡령의 유혹에 빠지는 것과 비슷하다. 일종의 견물생심이다.

한 곳에서 오래 일하면 뒤에는 보상심리가 따라붙는다. '나한테 뭔가 챙겨주겠지' 했는데 그걸 안 해주면 원수가 된다. 오래 근무한 후 퇴사할 때 맡겨놓은 돈 찾아가듯이 매장 차릴 돈을 보태 달라고 요구하는 경우도 있다. 그게 인간의 기대심리다.

마인드를 갖춘 직원에게 투자는 아깝지 않다

지금은 내가 장사를 한 지 30년가량 됐지만 20년 정도 됐을 때부터는 퇴사하는 직원을 더 이상 붙잡시 않게 됐다. 오는 사람 안 말리고 가는 사람 안 붙잡는 게 원칙이 된 것이다. 직원이 우리 매장에 들어와서 3년 정도 됐으면 여기보다 더 큰 데 가서 배우라고 일부러 놓아주기도 했다. 사실 3~5년 된 직원은 가장 일하기 좋을 때다. 따라다니면서 안 시켜도 되고 내 스타일도 파악하고 있어서 그런 직원이 많으면 나는 정말 편하다. 내가 편하려면 그 정도 연차의 직원은 데리고 있는 게 맞지만, 그렇게 하면 결국엔 나에게 부메랑으로 돌아온다. 일할 때는 편할지 몰라도 심적으로 부담이 된다. '저놈도 먹고살게 해줘야 되는데' 마음이 쓰이는 것이다.

장사하는 매장에서 열심히 일해야 하는 건 당연한 것이지만, 그에 합당한 급여를 주는 건 이해관계와 기준이 달라 서로 계산이 안 맞는다. 이럴 때 직원이 도둑놈이라고 할 수 없는 것이 그 사람이 나빠서 그런 마음이 드는 게 아니라 인간의 본성이 그렇기 때문이다. 사장은 그걸 알고 대처해야 한다. 어느 기간이 돼서 계속 데리고 있고 싶다면 수익을 일부 공유하는 방식으로 챙겨준다든지 지분을 주는 식으로 대우해줄 수 있어야 한다. 다른 직원과는 또 다른 차등을 두는 것이다. 사람들은 예전보다 더 똑똑해졌기 때문에 앞으로 이런 현상은 더 심해질 것이다.

뒤탈 없이 매장의 항상성을 유지하기 위해 능력 있는 직원을 안 뽑는 사장도 있다. 고만고만한 사람들을 써서 매장을 돌리는 것이다. 직원의 성장은 매장의 질적인 성장과 양적인 매출을 가져오지만 직원이 너무 성장하면 독립을 하기 때문에 써먹는 방법이다. 그러나 **나 같은 경우는 매장을 세상 학교로 설정하고 인생의 선배로서 "너는 나보다 더 잘 돼야 한다"라고 이야기한다. 나를 보고 그 발판으로 더 뛰어난 청출어람이 되길 원하는 것이다.**

옛날과 달리 오래 잡는다고 좋은 게 아니라는 걸 깨닫고 나서는 3~4년 된 직원 중에 서비스 마인드와 실력이 "독립해도 된다" 판단될 때는 오픈에 필요한 도움을 줘서 독립을 시키기도 한다. 여기서는 더 배울 게 없으니 "다른 데 가서 직접 해봐라" 하고 하산시키는 것이다. 요새는 또 시장 상황이 주기가 빨라져서 새로운 인물을 뽑아야 사장도 안주하지 않고 계속 변화를 줄 수 있다. 그런데 직원이 자주 바뀌면 고객은 '주인이 뭔가 못해주니까 그만뒀구나' 생각한다. "여기는 올 때마다 직원이 자주 바뀌네요" 하면 나는 우스갯소리로 넘긴다. "요즘은 오래 안 있어요. 저번에 있던 친구도 3년 있다가 나갔는데, 옛날처럼 10년씩 있는 친구 없어요." 이러면 손님도 시대 흐름을 인정한다.

사장이 만족해야 매장이 유지된다

장사하는 사람들 중에 성공하는 사람은 누구일까? 종업원부터 시작해 밑바닥에서 올라온 사람이 확률적으로 성공 가능성이 높다. 종업원을 해본 사람들은 종업원의 마음을 알기 때문에 직원들 입장에서 어떤 생각을 할지 염두에 두고 경영을 한다. 그런데 종업원을 안 해본 사람은 종업원 마음을 알 리가 없다. 보상을 해도 금전적인 것만 생각하니까 직원들과 괴리감이 생긴다. 나 역시 종업원으로 일하면서 사장들을 모시며 보고 배웠다. 그래서 내가 젊을 때 종업원으로서 느낀 것은 절대로 직원들에게 하지 않는다. 이걸 경험하지 못한 사람들은 책을 봐도 배울 수 없다. 장사는 경우의 수가 많기 때문에 그런 건 가르쳐줄 수가 없다. 그 점은 곧 경쟁력이 된다.

고객을 만족시키면 직원도 만족을 경험한다는 이야기를 앞에서 했다. 그런데 매장에서 매출을 극대화시키는 가장 이상적인 관계 형성은 사장은 직원 만족을 생각하고 직원은 사장 만족을 생각했을 때다. 사장도 사람인데 직원들만 만족하고 고객들만 만족하면 지쳐서 일을 못한다.

직원 교육을 할 때 한번은 이런 화두를 던져봤다. "지금은 어떤 책이든지 고객 만족, 직원 만족이 나온다. 그런데 너희들은 사장 만족에 대해서 생각해봤나? 사장도 사람인데 사장도 만족해야 되는 거 아니야? 고객도 만족하고 직원도 만족하는데 왜 사장 만족을 말하는 사람이 없지? 사장은 맨날 불만족해도 돼?" 안경원의 직원들은 안경사라는 전문직 인력이며 모두가 사장을 꿈꾼다. 직원들도 장사하는 매장에서 평생 종업원만 하겠다는 사람은 없을 것이고, 이 시점에서 사장 만족에 대해서 한번 생각해보라고 이야기하고 싶었다.

사장이 되면 외롭고 힘들다. 그런데 매장 내에서 사장만 직원 만족을 생각하는 게 아니라 직원도 사장 만족을 생각한다면 그곳은 서로 시너지 효과가 있어서 곧바로 고객 만족으로 직결될 것이다. 그 경험은 직원의 사장 연습을 겸하게 된다. 직원은 주 5일제를 실시하면 쉴 거 다 쉬지만 사장이 언제 쉬는지 생각해보지 않는다. 직원들은 독립해서 매장을 해보고 싶은 마음이 있으니까 일을 배운다. 기업에서는 직원으로 있으면서 '이런 업의 사장이 돼야지' 하는 생각을 많이 하지 않는다. 사장이 되고 싶은 마음이 없는 사람도 많다. 그런데 장사에서는 '나도 이런 매장을 해보고 싶다'는 목적을 가진 사람이 대다수이기 때문에 차이가 있다. 그래서 직원에게 이렇게 이야기한다. "너희들이 대기업을 다니거나 공무원이면 이런 이야기를 안 해도 된다. 중소기업도 마찬가지겠지. 사장이 되고 싶은 마음이 없는 사람에게는 필요없는 이야기다. 너희는 그들과 마인드가 달라야 한다. 너희들은 꿈이 있지 않느냐."

만약에 사장의 불만족이 극대화되면 어떻게 될까? 매장이 망하거나 번아웃된 사장이 매장 문을 닫는 선택을 할 것이다. 그러면 직원은 일하고 배울 기회를 박탈당하는 것이다. 부모도 자식이 알아줄 때 기분이 가장 좋다. 힘들어도 "엄마, 고생하셨어요", "아빠 수고하셨어요" 하면 전력을 다한다. 직원이 "대표님, 언제 쉬세요? 대표님, 안 피곤하세요?" 말 한 마디만 해주면 분위기가 달라진다. '대표는 자기가 알아서 하겠지. 주인이면 쉬고 싶을 때 쉬겠지. 누가 놀지 말라고 했나?' 직원이 그렇게 생각하면 사장은 슬프다.

직원은 현대판 머슴인가?

사장은 왜 직원 교육에 힘써야 할까? 결국엔 매장의 발전을 위해서다. 직원이 발전하고 성장해야 매장이 클 수 있다. 직원의 성장 없이 매장은 성장할 수 없다. 사장은 직원과 서로 커뮤니케이션하면서 직원의 성장을 도와줘야 한다. **사장은 매출 향상과 직원 성장, 두 마리 토끼를 다 잡아야 한다.** 매출만 목표로 하면 직원들은 오래 못 가서 지친다. 직원의 발전과 성장을 독려하는 것이 히든 카드가 된다.

사장편에서 장사 초보는 오픈하기 전에 고수를 찾아가서 배우라고 했다. 요즘에는 그런 노력을 하는 사람을 찾기가 힘든데, 만약 내게 그런 사람이 찾아왔다면 첫 과정으로 나는 3개월 동안 아무것도 시키지 않고 가만히 둬둘 것이다. 스님들이 하는 수

행 중에 가장 어려운 수행은 묵언수행이다. 사람이 말을 안 하고 지낸다는 것은 엄청나게 힘든 일이지만, 3개월 동안 아무 말 없이 어떻게 하는지 지켜보는 것이 첫 단계다.

그렇다면 반응은 둘 중에 하나다. 기다리는 사람이 있는가 하면 대부분은 3개월이 지나기 전에 제풀에 지쳐 나간다. 주인이 고수라고 해서 가르쳐 달라고 왔고 가르쳐준다고 했는데, 말 한마디 없이 아무것도 안 시키면 버틸 사람이 드물다. '저 사장이 가르쳐준다고 해놓고 말 한 마디 없는 거 보니까 아무것도 없나? 사람을 무시하나?' 이렇게 불만과 불안을 가지다가 그만둘 것이다.

3개월 동안 아무 말 없이 보기만 하는 것은 그만큼의 인내력이 있는지, 기다릴 수 있을 만큼 간절함이 있는지 그 그릇을 보는 것이다. 물론 내가 고용한 직원에게는 내가 답답해서 이렇게 하지 않는다. 그런데 아무것도 안 하고 말을 안 하는 이유는 나를 찾아왔기 때문이다. 그 정도 염원으로 직접 찾아왔다면 나보다 진정 더 뛰어난 사람으로 만들어줘야 하기 때문이다.

지식 습득보다 체득

사람들이 배운다는 것에 대해 잘 모르는 게 있다. 초짜 직원이 들어왔을 때 나는 일을 빨리 가르쳐주는 편이 아니다. 느리게 천천히 가는 것이 보통이다. 직원이 한두 명 있는 작은 매장에서는 사장이 급하니까 입사하자마자 이것저것 다 가르쳐줄 수도 있다. 처음에는 그게 더 좋아 보일 것이다. 이것도 해보고 저것도 해보고 초보 입장에서는 그저 좋다. 그런데 우리 매장에서 두 달 석 달 지나도 아무것도 한 게 없는 것 같다고 느꼈을 때, 만약 작은 매장의 신입을 만났다면 어떤 대화를 할까. 작은 매장에 있던 사람은 "나는 뭐도 해봤고 뭐도 해봤다" 말할 것이다. 큰 매장에서 만날 안경테 닦고 정리정돈만 했던 직원은 어떤 마음이 들까. '여기서 내가 과연 배울 수 있을까? 차라리 조그만 매장에 가서 저 친구처럼 배우는 게 안 낫나?' 그런 생각이 들 것이다.

이럴 때는 직원에게 충분한 설명을 해줘야 한다. 배우는 방법은 여러 가지가 있다. 직접적으로 빨리 배울 수도 있지만, 내가 천천히 가는 이유는 따로 있다. 아기가 태어나면 말을 할 줄 모른다. 그럴 때 아기는 무얼 할까? 첫 번째, 일단 보고 듣는다. 엄마의 입술을 보고 듣고 관찰한다. 그러다가 입 모양을 보며 따라한다. 그런데 그런 과정을 거치지 않고 아기한테 바로 말을 시키는 것은 제대로 가르치고 배우는 것이 아니다. 배움에는 순서가 있다. 아기는 엄마에게 보고 배운 것이지, 처음부터 바로 말할 수는 없다. 이와 같이 직원들이 빨리 하고 싶다고 해서 그렇게 해주는 것은 별로 좋은 과정이 아니다.

옆에서 보는 것도 사실은 배우는 것이다. 대형 매장에 오면 선배들이 하는 것, 사장이 하는 것도 보고 배워야 한다. 직접 하는 것만 배우는 것이라고 생각하면 진짜 중요한 걸 놓칠 수 있다. 아기가 말을 잘 못하는데 소리내는 법을 마구 주입시키는 부모가 잘하는 걸까? 따라하면서 어느 정도 준비가 됐을 때까지 기다렸다가 천천히 가르치는 게 진정한 부모일까? 배움의 과정에서 몸으로 배우는 것만이 전부는 아니다. 사람은 눈과 귀로도 배운다. 여기에서 아주 많은 경험, 여러 가지 동작, 센스, 멘트 등을 배워야 한다. 만약 이 부분에서 직원의 마인드가 나와 맞지 않다면 함께 일할 수 없다.

아기들은 결국엔 시간이 지나면 말을 다 한다. 급할 것은 없다. 대신에 제대로 배워야 한다. 그래야 발음도 똑똑하고 정확하게 또박또박 말할 수 있다. 스파르타 식으로 빨리만 가르친다고 잘할 수 있는 건 아니다. 오히려 속성은 부작용이 생길 수 있다. 또 단순한 지식 전달만으로는 제대로 배울 수 없다. 배움과 교육은 체득하는 것이 중요하다. 장사는 지식을 얻는 것이 아니라 체득하는 것이어야 한다.

결국엔 마인드 차이다

직원들 마인드는 두 가지 차이가 있다. 노비 마인드와 주인 마인드다. 옛날 조선 시대에는 노비(奴婢)가 있었다. 노비는 남자 종과 여자종을 말하는데, 미국의 흑인노예처럼 인권과 자유가 전혀 없는 게 아니었다. 사극에 등장하는 노비는 주인과 함께 살며 집안일을 거드는 솔거노비가 주로 나오는데, 주인도 수십 명씩 노비를 먹이고 입히는 게 부담스러웠기 때문에 대부분은 일에 대한 대가를 받고 따로 거주하는 외거노비였다. 이 개념대로라면 주인을 바꿀 자유가 있긴 하지만, 직원은 현대판 노비다. 자본주의 시대에 와서 노비가 직원으로 말만 바뀐 것이다.

옛날에도 노비에게 돈 주고 밥 주고 했는데, 지금도 직원에게 돈 주고 일 시킨다. 말만 노비라고 하지 않을 뿐이지, 사실 가만히 들여다보면 특징은 똑같다. 차이점은 옛날엔 노비로 태어나면 신분 탈출이 안 됐다는 것이다. 아무리 똑똑하고 열심히 일해도 양반이 못 됐다. 지금은 시대가 바뀌어서 신분 탈출이 가능하다. 내가 지금은 여기서 주인한테 월급을 받지만 언젠가는 나도 주인이 될 수 있다. 그게 현대판 노비의 차이다.

이런 기회를 가지고 있는데도 직원이 노비 마인드를 가지고 있으면 변화는 없다. 마인드를 바꿔야 주인으로 올라갈 수 있다. '나도 내 매장 하고 싶다'고 생각만 할 뿐, 마인드는 '내가 열심히 해봐야 똑같아'라는 마인드로 살아가면 노비밖에 안 된다. '대행사'라는 드라마에서 대기업 회장님이 직원을 '머슴'이라고 표현하는 장면이 나온다. "머슴 부린 주인이 잘한 거지", "머슴들한테는 감정 없는 돈을 줘야지", "신묘한 머슴들이 있지", "머슴이랑 정분나면 끝이야" 같은 대사들이 나온다. 머슴은 조선 말 갑오개혁 이후에 노비가 없어지자 농사일과 잡일을 하고 새경을

사장이 더 일해야 하는 시대 ———

받는 사람을 고용하면서 등장한 말이다. 드라마를 보면서 재미는 있지만 기분 나쁘다고 하는 사람들이 많았는데, 사실 맞는 말이다. 직원들도 이걸 잘 파악해야 한다.

종업원을 해본 적 있는 사장은 직원들 마음을 알지만, 안 해본 사람들은 직원을 돈만 주면 쓸 수 있는 노비로 본다. 그게 자본주의 사회의 현실이다. 그걸 다르게 말하면, 이 시대는 열심히 한 만큼 보상받고 올라갈 수 있기 때문에 좋은 세상인 것이다. 다만, 그냥 가만히 있다고 올라갈 수 있는 건 아니다. **나이 먹고 연차 쌓인다고 그냥 아무나 사장하라고 시켜 주는 건 아니라는 것, 결국엔 자신이 만들어가야 한다는 것을 마음에 새겨야 한다.**

3분 요약 체크-Chapter.1 사장이 더 일해야 하는 시대

◎ "라떼는 말이야" 해봤자 소용없다. 사장의 마인드와 젊은 직원의 마인드는 차이가 크다. 사장이 장사 철학을 공유하는 마인드 교육을 하지 않으면 직원들은 고객을 매출로만 보고 고객을 상대로 조금만 틈이 보이면 무리한 판매를 시도할 것이다. 그렇게 파는 데만 집중해서 조급하게 판매를 하면서도 스스로 뿌듯해할지 모른다. 물론 장사는 돈을 많이 벌어야 하는 건 맞지만 오버하지 않고 선을 넘지 않도록 해야 한다. 그냥 놔두면 직원들은 그저 지금만 많이 벌면 된다고 생각할 것이고, 재방문과 다음의 매출을 희생하게 될 것이다.

◎ 직원이 행복해야 고객이 만족한다고? 고객이 자신을 인정해줄 때 직원은 최고의 희열을 느낀다. 그리고 나서 만족한 고객이 다시 찾아와 자신을 찾을 때 직원은 엄청난 에너지를 얻는다. 결국 고객을 만족시키면 직원의 만족은 그냥 따라오는 것이다. 회사는 고객 만족이 피부로 와닿는다기보다 한 단계 거쳐서 오지만, 장사에서는 고객 만족이 눈앞에 바로 보이기 때문에 이것이 질적인 근무 환경이 된다. 직원은 사장이 자신을 칭찬하는 것보다 고객이 잘한다고 하면 더 행복하다. 생리적 욕구, 안전의 욕구보다 인정의 욕구는 더 상위 단계다. 직업인으로서 타인이 나를 인정해주는 것만큼 좋은 것은 없다.

◎ 시대가 변하고 직원이 변했다. 세상이 나의 의도와는 상관없이 계속 바뀌기 때문에 나도 어떤 식으로 바뀌어야 발맞춰 갈 수 있는지 고민해야 한다. 세상은 바뀌어가는데 우리 매장이 지금 잘 된다고 해서 가만히 있으면 사실은 뒤로 밀려나 도태되는 것이다. 그래서 매장은 계속 변화해야 하고

눈에 보이는 변화뿐 아니라 운영하는 시스템에도 변화를 주고 직원 마인드도 거기에 맞춰 바뀌어야 한다. 고객이 변화를 경험할 수 있도록 서서히 바꾸면서, 시행착오를 겪더라도 결과는 분명히 나타날 것이라 믿어야 한다.

◎ 매장의 항상성을 유지하는 법. 장사에서 교육의 가장 큰 목적은 항상성이다. 고객에게 일관성 있는 서비스를 제공하는 것이 가장 중요하다. 이번에 왔을 때 전에 좋았다고 느낀 서비스와 다르면 변질됐다고 생각해 바로 이탈한다. 그렇기 때문에 교육을 통해서 경영 방침, 고객을 바라보는 기준, 장사에 대한 원칙 등을 쉬지 않고 직원에게 주입해야 한다. 어떤 고객이 들어오더라도 직원에 의한 기복이 없이 매장의 경쟁력은 일관성 있게 유지되어야 한다.

◎ 직원의 가치는 얼마나 올릴 수 있을까. 장사하는 매장에서 열심히 일해야 하는 건 당연한 것이지만, 그에 합당한 급여를 주는 건 이해관계와 기준이 달라 서로 계산이 안 맞을 때가 있다. 어느 기간이 돼서 계속 데리고 있고 싶다면 수익을 일부 공유하는 방식으로 챙겨준다든지 지분을 주는 식으로 대우해줄 수 있어야 한다. 다른 직원과는 또 다른 차등을 두는 것이다. 또 직원 중에 서비스 마인드와 실력이 "독립해도 된다" 판단될 때는 투자의 형태로 독립을 시키기도 한다.

◎ 직원은 현대판 머슴인가? 직원들 마인드는 두 가지 차이가 있다. 노비 마인드와 주인 마인드다. 직원이 노비 마인드를 가지고 있으면 변화는 없다. 마인드를 바꿔야 주인으로 올라갈 수 있다. '나도 내 매장 하고 싶다'고 생각만 할 뿐, 마인드는 '내가 열심히 해봐야 똑같아'라는 마인드로 살아가면 노비밖에 안 된다. 나이 먹고 연차 쌓인다고 그냥 아무나 사장하라고 시켜 주는 건 아니라는 것, 결국엔 자신이 만들어가야 한다는 것을 마음에 새겨야 한다.

내가 심은 나무는
가지치기를 잘해야 오래간다

The tree I planted live a long time
when it is well pruned.

Chapter.2

장사에서
일이란 무엇인가

- 일의 개념부터 잡아라
- 점장을 두면 관리하기 좋을까?
- 직원의 실수를 미리 막을 수 있을까
- 어느 선까지 가르쳐줄 것인가
- 고수만이 갖고 있는 1%
- 장사에서 권한 이양은 하지 않는다
- 잔소리보다 매장 운영 매뉴얼
- 직원과 사장은 생각부터 다르다

일의 개념부터 잡아라

　장사에서 일이란 무엇일까? 제조업의 근로자라면 아침에 출근해서 퇴근할 때까지 시간에 맞춰서 하는 모든 것들이 일이다. 보통의 회사에서도 아침에 사무실에 출근해서 퇴근할 때까지 하는 모든 것이 일이다. 그러나 서비스업에서는 일의 개념을 다르게 봐야 한다. **장사에서 일이란 매출을 일으키는 활동이어야 한다.** 회사에서의 일과 장사에서의 일은 다르다.

　장사에서 일은 세 가지로 나눌 수 있다. 첫째, 고객 만족과 매출을 위한 업무가 있다. 둘째, 단순 업무로서 기술을 발휘해서 보조하는 업무다. 셋째는 잡일이다. 그런데 직원들은 이 세 가지를 모두 일이라고 생각한다. 안경원으로 따지면 고객 응대나 세일즈야말로 진짜 일이다. 주문한 렌즈로 안경을 만드는(조제) 것은 단순 업무로 친다. 물론 그것도 안 하면 안 되는 일이기 때문에 헷갈릴 수 있긴 하다. 어떤 안경원은 고객 응대만 하는 안경사, 조제만 하는 안경사로 분리해놓은 경우가 있는데, 이때 보너스를 더 많이 받아야 하는 쪽은 고객 응대를 하는 안경사다. 또 조제를 아웃소싱으로 외부에 맡기고 판매만 하는 안경원도 있다. 단순 업무는 다른 사람에게 시키는 것이 가능하기 때문이다.

직원 교육을 시킬 때 가장 우선해야 할 것은 '일이란 무엇인가' 하는 개념을 심어주는 마인드 세팅이다. 세 가지 일 중에서 고객 만족과 매출을 일으키는 활동이 최우선되어야 하며, 나머지 단순 업무와 잡일은 '일'이라고 할 수는 없지만 운영을 위해 간접적으로 필요한 것들이다. 이러한 구분이 필요한 것은 실제로 일다운 일을 누가 많이 하고 있는지, 일다운 일을 하려면 어떻게 해야 하는지 명확해지기 때문이다. 이에 따라 근무 조건, 보너스 등이 달라질 수 있다.

보통 직원들은 출근하면서 하는 모든 행위를 일이라고 생각한다. 청소를 한다든지 정리정돈을 하고 있으면서 '일하고 있다'고 생각한다. 그러나 사장이 보기에는 일하고 있는 것이 아니다. 자신이 하는 행동으로써 고객 만족이나 매출이 일어나야 일이라 할 수 있다. 이게 장사에서 일을 대하는 핵심 관점이다.

지금 나는 진짜 일을 하고 있을까?

장사하는 매장에 새로운 직원이 들어왔다면 일에 대한 마인드부터 정확히 심어주고 알려줘야 한다. 장사를 전투라고 봤을 때 고객 응대를 하는 직원은 맨앞에 앞장서서 몸으로 부딪히는 병사다. 그런 사람은 일의 가중치를 더 부여받는 것이다. 고객의 결제 후 뒤에서 발생하는 일을 할 때는, 일이 많아지더라도 단순히 일의 양만 늘어난 것이다. 보급품을 나르는 보급병이 하는 일이다. 장사에서는 맨앞에서 싸우는 것이 진짜 일이다.

식당에서 직원이 응대를 잘하면 2만 원짜리 먹을 고객이 3만 원짜리를 먹을 수도 있다. 또 한 번 온 고객을 두 번 세 번 오게 할 수도 있다. 고객들이 많이 먹는다면 주방에서도 일을 많이 해야 하지만, 기여도는 영업사원이 가장 크다. 만약 월급 체계를 일괄 지급이 아니라 실적에 따라 차등을 두어 만들고 싶다면, 오너는 일의 개념에 따라 산출 방법을 달리 개발할 수 있다. 매출이 늘었다면 보너스는 고객 응대를 하는 직원에게 주는 비율과 요리사에게 주는 비율이 달라야 한다. 매출을 만들지 못했다면 요리는 더 만들어봐야 소용이 없다.

일의 개념을 확실히 해두는 이유는 일의 우선순위가 너무나 명확해지기 때문이다. 예를 들어, 안경원에서 택배를 싸거나 정리정돈을 하는 것은 잡일이다. 일의 개념이 명확하면 택배를 싸다가 손님이 들어왔을 때 직원의 행동이 달라진다. 일의 개념을 확실히 교육받은 직원은 이때 하던 일에서 손을 놓는다. 진짜 일은 손님 응대이기 때문이다. 잡일은 손님이 없을 때는 해도 되지만, 손님이 들어오는 순간 해야 할 일이 아니다. 고객 만족과 매출에 관련된 일이 생겼기 때문이다.

이런 개념이 없다면 직원은 매장에 고객이 들어왔는데도 청소를 한다든지 택배 포장하는 일을 계속하고 있을 것이다. 왜냐하면 '나는 일을 하고 있다'고 생각하기 때문이다. 사장이 일에 대한 개념을 제대로 공유하지 않았을 때는 이런 상황에서 뭐라고 할 말이 없다. 왜냐하면 그 직원은 일을 하고 있기 때문이다. "뭐하니?" 하고 묻는다면 "저 지금 일하고 있잖아요"라고 응답할 것이다. 그것도 아주 열심히 바쁘게 꾀부리지 않고 일을 잘 하고 있는 것이다. 모든 직원이 이렇다면 아무리 직원 수가 많아도 사장 입장에서는 일하고 있는 사람이 자신 혼자밖에 없을 것이다.

우리 안경원에서는 택배 싸고 정리정돈하는 일은 잡일이며 나중에 할 일이다. 여기는 식당이 아니기 때문에 좀 어지러져 있어도 괜찮다. 잡일은 손님들이 많이 없는 시간에, 한가하고 여유 인력이 많을 때 짬내서 요령껏 하는 일이다. 어떤 잡일이든 손님이 들어오면 무조건 하던 일을 멈추고 응대하러 가야 한다. 일의 우선순위는 고객 응대와 매출에 관련된 것이 먼저이기 때문이다.

식당이나 옷가게에 갔을 때도 손님이 들어오든 말든 냅킨을 접고 있다든지 옷 정리를 열심히 하고 있는 직원들이 있다. 그것은 일의 개념을 제대로 파악하지 못했기 때문이다. 사장은 본능적으로 파악할 수 있지만 직원의 경우는 아니다.

만둣집에서 모든 직원이 열심히 만두를 빚고 있다. 이때 손님이 들어갔다면 시키지 않아도 일어나는 사람은 사장밖에 없다. 사장만이 하던 일을 놓고 "어서 오세요" 한다. 이때 혹시 직원에게 손님 응대를 시키면 직원은 불만이 가득할지도 모른다. '나는 열심히 일하고 있는데 왜 두 번 일을 시키죠. 이것도 빨리 해야 되는데'라고 생각할 것이다. 이런 오해를 없애기 위해서는 직원이 처음 들어왔을 때부터 일에 대한 정의부터 가르쳐야 한다. 아무리 열심히 하던 일이 있어도 손님이 왔다면 벌떡 일어나서 맞아야 한다는 걸 알려주는 것이다.

직원의 가치를 높이는 가장 좋은 법

일에 대한 정의만 잘 잡아놓으면 사장이 직원 교육을 시키기가 쉬워진다. 고객 응대와 매출을 일으키는 일 외에 나머지 단순 업무, 보조 업무, 잡일은 우선순위에서 밀린다.

우리 안경원은 직원 수를 줄인 후부터 잡일을 못하게 하고 있다. 사실 보조적인 업무까지 하자면 안경원에서는 안경테에 가격표 붙이고 라벨지 붙이는 일까지 할 게 엄청 많다. 그런데 그런 걸 하면 일손이 달려서 고객 응대에 지장을 준다. 지금은 이런 잡일을 따로 빼서 아르바이트를 쓴다. 전문직인 안경사들에게 이런 일을 시키면 능률이 떨어지는데, 시간제 인력을 쓰면 매일 하는 일이 아니기 때문에 고정비가 늘지 않고 해결할 수 있다. 고객 응대와 매출 향상에 집중하기 위한 조건을 만들어가는 것이다.

이런 잡일을 해소해주지 않으면 언젠가는 또 직원들이 이런 일에 시간을 뺏겨야 한다. 그래서 고민 끝에 내린 결정인데, 처음에는 직원들이 의아해했다. "우리가 할 수 있는데 왜 알바 써요?" 하는 반응이었다. 그렇지만 직원들의 일에 대한 개념이 바뀌고 어느 정도 체계가 잡혔을 때라서 나는 과감히 실행했다. 이런 부분에서 업무를 빼니까 직원 수를 줄였어도 일하는 데 크게 영향을 받지 않았다. 직원들은 오로지 고객 응대만 열심히 하면 되니까 업무 환경이 오히려 좋아졌다.

매장에서 직원 수를 줄이려면 생산성을 높이기 위한 방법을 따로 강구해야 한다. 자동화가 필요한 직무를 따로 구분해서 단순 업무는 알바를 쓰거나 서빙로봇 같은 해결책이 있으면 그걸 쓰면 된다. 그리고 나서 직원들은 사람의 기술, 정성, 감성을 건드리는 부분에 집중하면 더 효율적으로 일할 수 있다. 이 부분은 각 업종별로 오너가 풀어야 할 숙제다.

지금 같은 저성장 시대에는 매출을 늘리는 것으로는 더 벌 수 있는 구조가 안 나오기 때문에 인력을 최소화하는 노력이 필요하다. 비용을 줄여서 이익 구조를 개선하는 것인데, **장사에서는 인건비 외에는 줄일 수 있는 게 별로 없다.** 임대료와 세금은 내 의지로 줄일 수 있는 것이 아니고, 원가는 줄여봐야 그 노력을 하는 것이 무색할 정도다. 결국엔 인건비를 줄여야 사장의 이익금이 나온다는 얘기다. 이 부분에서 해결책을 못 찾으면 경쟁력이 떨어진다.

우리 매장에 번호표 뽑는 기계를 들여놓은 것도 이런 노력의 일환이다. 번호표는 사람이 안 줘도 상관이 없고, 응대 순서를 정하는 것을 기계가 하면 마찰이 없다. 고객이 전화번호를 입력하고 카카오톡으로 대기번호와 관련 정보를 보내주는 앱을 쓰는 것도 좋은 방법이다. 이것들은 직원이 진짜 일에 집중할 수 있게 함으로써 생산성을 높여준다. **장사의 질을 높이는 것은 사장의 가치, 매장의 가치, 직원의 가치라고 했는데, 일의 개념을 명확히 하면 직원의 가치를 높일 수 있다.** 더군다나 직원이 잡일을 안 하면 사장이 뭔가 요구를 할 때 말도 잘 먹히고 집중력도 올라간다. 불만은 적어지고 이직률도 낮아진다.

점장을 두면
관리하기 좋을까?

예전이나 지금이나 사장은 직원이 자신처럼 일해주기를 원한다. 그러나 진짜 주인처럼 일하는 직원은 극수소이다. 대다수는 그렇지 않기 때문에 사장은 스트레스를 받곤 한다. 지금은 더더욱 직원이 주인처럼 일하기를 기대하기가 어려운 시대가 되었다. 오히려 이 사실을 인정하면 그 다음부터는 해결책을 찾아갈 수 있다. 결론부터 말하면, **직원보다는 사장이 좀 더 일을 하면 된다. 바야흐로 사장이 가장 할 일이 많은 시대가 되었다.**

직원을 두는 것은 사장이 편해지기 위해서가 아니라 고객 만족을 위해서여야 한다. 이것이 직원과 관련된 모든 것의 기준이다. 사장이 편하기 위해서 직원을 쓰면 기대를 많이 하게 된다. 그러나 고객 만족을 위해 필요한 것을 사장 혼자서 다 해주기 버거울 때 직원을 쓰면, 직원에게 바라는 것은 커지지 않는다. 대부분의 직원은 주인 마인드보다 노비 마인드를 가지고 있다. 노비 마인드란 쉽게 말해서 받는 게 익숙한 것이다. '기브 앤 테이크'가 안 되고 '테이크'에만 익숙하다. 진정한 주인 마인드는 주는 데 익숙한 것이다. 문제는 그렇지 않은 주인이 많다는 것이다. 주인인데도 받는 걸 좋아하고, 주는 데 진짜 인색하며 아까워하는 사람이 있다. 그런 사람은 주인 마인드가 없는 사장이다.

반면 사장처럼 일해주는 직원들이 있다. 10%도 안 되는 인원일 테지만, 자신도 나중에 사장을 하고 싶어서 지금 일하면서 연습한다고 생각하는 사람, 욕심 있는 직원, 꿈이 있는 사람은 주인처럼 일한다. 학교에서 경험이 많은 선생님은 학생들을 볼 때 시험을 안 쳐도 수업 태도만 보고 대충 학생들의 실력을 알 수 있다. 어느 자리에 앉는지를 보고, 눈매만 봐도 교편을 오래 잡은 사람은 감을 잡는다. 사장도 마찬가지로 수많은 직원을 써보면 그게 보인다. 나처럼 기준을 높게 잡고 있는 사람은 성에 차는 사람을 발견하기 쉽지 않지만, 그래도 보통의 기준으로 보면 잘 하는 사람들이 있다. 매장은 실질적으로 그 직원의 도움으로 돌아간다.

직원의 능력은 평균이 중요하다

직원의 구성에 대해 보통의 사장들이 잘 모르는 게 있다. 모든 직원들이 똑똑한 사람으로 꽉 채워져 있길 바라는 것이 사장의 마음이다. 그런데 그런 건 **한 마디로 현실감 없는 욕심이다.** 너무 똑똑한 사람들이 많으면 서로 싸우고 협업을 하지 못해서 매장이 안 돌아간다.

이건 농사와 같은 것이다. 열무 씨를 밭에 쫙 뿌려놓고 물을 주고 나서 시간이 지나면 싹이 올라온다. 그 다음 해야 하는 작업이 솎아내기다. 너무 큰 것들은 주변의 영양을 혼자 다 빨아먹기 때문에 나머지 것들이 제대로 크지 못한다. 그래서 가장 먼저 솎아내야 한다. 그리고 나서 시간이 좀 더 지나면 잘 크지 못하고 있는 작은 것들을 솎아준다. 땅속 영양분은 정해져 있기 때문이다. 농사에서 가장 중요한 것은 작물의 평균치다. 그 밭에 있는 모든 개체들이 상품 값어치를 해야 돈을 벌 수 있다.

같은 이치로 장사에서도 한 사람만 너무 뛰어나면 나머지 사람들이 일하는 데는 방해가 된다. 또 너무 못해서 못 따라오면 그것도 곤란하다. 못하는 사람의 경우에는 보통 제 발로 나가기 때문에 실제 문제가 되는 건 잘하는 직원의 컨트롤이다. 이 부분을 착각하면 안 된다. 흔히 오너들은 잘하는 사람이 왜 문제가 되는지 모른다. 잘하는 사람을 너무 키워주면 다른 직원들이 흔들리고 자기 힘을 발휘하지 않는다. '사장이 저 직원만 좋아하니까', '저 직원이 잘하니까 나는 뭐 안 해도 되지' 하면서 의욕이 살지 않는다. 그래서 장사를 잘하는 사장은 레벨업을 목표로 하더라도 직원의 평균치를 높이려고 한다.

예전에 이 문제에 대해 실험을 해본 적이 있다. 보통은 매장의 직원 구성을 연차 기준으로 고참, 중간 경력, 신참으로 믹스한다. 만약 직원 5명이라면 실장 1명, 경력 2명, 신참 2명으로 하는 것이다. 인건비 때문에라도 이렇게 많이들 하는데, 한번은 에이스만 5명을 고용해봤다. 그런데 결과는 충격적이게도 매출이 똑같았다. 그때 깨달았던 건 실력이 아무리 높아도 결국엔 정해진 패턴이 만들어진다는 것이었다. 80대 20 법칙일 수도 있고, 파레토 법칙일 수도 있는데, 이건 어딜 가나 적용되는 이야기다.

다섯 손가락 깨물어서 안 아픈 손가락이 없다고 한다. 부모는 내 새끼라고 생각하면 다 소중히 한다. 장사를 잘한다고 한 직원만 편애하면 다른 직원들은 시기질투를 하고 의욕이 상실된다. 한 사람을 편애하지 않는 것은 사장의 덕목 중 하나다. 어떻게 하면 여러 인원이 골고루 잘할 수 있도록 할까, 그 점을 연구해야 한다. 고객 입장에서는 그 매장에서 항상 일정한 서비스를 받고 싶기 때문에 직원 평균치 관리를 잘하면 항상성이 유지되어, 그 매장은 롱런하고 성공한다. 장사를 잘하는 직원이 너무 욕심이 많아서 혼자 튀고 판치지 않도록 적절하게 눌러주는 것만 잘해도 일단은 성공이다. 그 방법은 강의식 교육이 될 수도 있고 개인 면담이 될 수도 있다.

사장의 성향을 우선 고려하라

욕심이 많고 잘하는 직원을 컨트롤하려면 사장은 실력이 출중해야 한다. 사장의 실력이 뛰어나면 그런 직원을 누를 수 있는 힘이 생긴다. 기업에서는 사장보다 뛰어난 사람을 써야 하지만, 장사에서는 사장보다 뛰어난 직원을 쓰면 매장이 힘들어진다. 그런데도 자기보다 뛰어난 사람을 쓰려는 사장이 많은데, 그러면 직원에게 휘둘러서 매장을 오래 지속할 수 없다. 이런 직원을 적절히 눌러줬을 때 모든 구성원들이 평균을 유지할 수 있다. 잘하는 직원에게 끌려다니면 그때 매장은 이미 내 것이 아니고 나는 영향을 미치지 못하고 돈만 걷어가는 수금 사장이 된다.

옛날에는 우리 안경원에도 수직적인 체계가 있었다. 부장 직급을 주고 그 직원이 2인자 역할을 하는 체계로 운영하는 것이다. 그런데 사장이 편하자고 2인자를 두면 사장의 힘이 점점 빠진다. 자리가 사람을 만든다고 완장을 차면 사람이 달라진다. 그 외에 나머지 직원들도 분위기가 다 바뀌면서 사장의 매장 운영이 힘들어질 수 있다. 사장편에서 언급한 것처럼 장사는 위임을 하면 안 된다. 반면 너무 수평적인 구조가 되면 하극상이 생길 수 있다. 고참 직원이 견디기 힘든 일이 생겨 나갈 수도 있다. 명함이나 타이틀은 없어도 모든 조직에는 보이지 않는 위계질서가 있다. **직원이 많은 매장에서 오너가 할 일은 수직과 수평의 체계를 적절히 믹스시킬 것을 고민하는 것이다.** 사장과 직원은 매일 부딪혀야 되고 얼굴을 봐야 하니까 그 적절함이 중요하고, 수시로 신경써줘야 한다. 처음에 체계를 잘 잡아놓으면 그대로 굴러가는 기업에 비하면 어찌 보면 장사가 더 어렵다.

만약 장사도 잘하고 직급도 높은 직원이 2인자로서 실력을 행사하거나 의사결정에서 대행 역할을 하고 있다면 어떨까? 사장은 그걸 제재하는 장치를 마련해야 할까? 그건 업종별, 상황별로 사장의 성향에 따라 다를 것이다. 지금 우리 안경원은 부장도 없고 임원도 없고 경력이 30년 차이든 10년 차이든 그냥 모두가 안경사다. 사람이 많은 것도 아닌데 부장, 과장 등 직책 이름에 따라서 자리가 생기면 월권 행위도 생겨서 지금은 철저히 없앴다. 그러면 사장 외에 직원들끼리는 동등한 입장이 된다.

클레임이 있을 때 손님이 "점장 나와", "책임자가 누구야?" 할 때가 있다. 어떤 사람은 사장부터 찾기도 한다. 아랫사람과는 얘기하기 싫다는 것이다. 그런데 우리 매장은 책임자가 없다. 모든 건 담당자 권한이다. 동등한 입장에서 책임지고 서비스했기 때문에 클레임도 담당자가 책임지는 게 맞다고 규정해놓았다. "저희 매장은 일대일 시스템이기 때문에 저한테 얘기하시면 됩니다." 이런 얘기를 하면 소비자도 토를 달지 못한다.

어떤 책에서는 클레임이 걸렸을 때 윗선에서 처리하라는 말을 하는데, 내 생각은 다르다. 지금 우리 매장은 담당자 위주로 다 바뀌었기 때문에 책임도 담당자가 진다. 이런 원칙으로 응대하다 보면 그 담당 직원에게 힘이 실린다. 최악의 경우에만 내가 나서기 때문에 직원도 성장할 수 있다.

만약에 매장의 사장이 상주해 있고 부지런하다면 직급 체제를 안 만들어도 된다. 그러나 사장이 상주하지 않는다면 점장 정도는 있는 게 좋을 것이다. 대리인이 있어야 하기 때문인데, 이건 오너의 스타일에 따라 잘 고민해보면 될 것이다. 어느 쪽도 괜찮지만 과연 내가 매장을 어떻게 끌고 갈 것이냐에 따라서 결정은 달라진다.

직원의 실수를
미리 막을 수 있을까

장사하는 사장이 일하는 스타일은 세 가지가 있다. 첫째, 모든 걸 자기 통제 하에 놓고 지휘하고 관리하는 사람이다. 둘째, 믿고 '알아서 하겠지' 하는 사람이다. 셋째, 믿고 맡기는데 체크를 하는 사람이다. 많은 경우에 직원이 알아서 하기를 바라는데, 나의 경우는 곰곰이 생각해보면 첫째, 셋째를 섞어놓은 것 같다. 어느 정도 지휘, 통제, 간섭도 하면서 어떨 때는 믿고 맡겨놓지만 한 번쯤은 체크를 한다. 이게 참 어려운 문제다. 직원은 너무 믿어도 문제이고, 너무 안 믿어도 문제다.

"사람을 쓰기 전에 세 번 의심하고 그 사람을 쓰고 난 다음에는 의심하지 말라"는 말이 있다. 일단 채용한 후에는 설사 나를 배신하더라도 믿으라는 것이다. 나는 이 말을 좋아해서 가슴에 새기고 있지만, 실행하기에는 어렵다. 3번을 의심하라는 건 사람을 쓰기 전에 신중하라는 것인데, 나중에 작정하고 거짓말하고 속이면 당할 수밖에 없다. 결국 써봐야 그 사람을 알 수 있다. 그래서 나는 이렇게 말한다. "난 사람은 믿는데 직원은 안 믿는다."

사람은 안 믿으면 쓸 수가 없으니까 믿어야 한다. 그런데 직원 중에는 실수한 건 감추고 자기에게 불리한 건 거짓말로 숨기는 사람이 있다. 사장이 상주하지 않는 매장에서는 특히 더 심하다. 쓰레기통에 버려서 증거를 인멸하기도 한다. "사람인지라 실수할 수 있다. 내가 뭐라고 말 안 할 테니까 이실직고해라"라고 말해도 일단 말을 안 하고 은폐한다.

직원의 실수를 오픈시킨다고 해서 피해 보상을 받으려고 한다거나 그런 건 아니다. "그런 건 감추지 마라. 감추면 네 실력이 늘지 않는다"라고 말해도 직원들은 감추는 게 속성인가 보다. 사장은 직원이 뭘 했는지 알 수 없는 상태에서 작은 문제가 자꾸 커지고 빈번해지면, 그 직원은 직원대로 마이너스이고 매장은 매장대로 손해다. 교육 분야에서 메타인지 학습이 이슈인데, 이것은 일할 때도 일맥상통한다. 자신이 무얼 알고 무얼 모르는지 인지하면 두 번 세 번 실수는 안 한다. 그러나 '사장이 모르는데 어때' 하면서 수정하지 않으면, 언젠가는 큰 문제로 드러난다. 그래서 지금의 시대에 사장은 더욱더 현장을 지켜야 한다.

호미로 막을 것을 가래로 막는 일이 발생하지 않으려면, 직원들에게 이런 내용을 사전에 교육해야 한다. "일을 하다 보면 실수하고 사고가 날 수 있다. 그걸 잠깐 모면하려고 거짓말을 하거나 은폐하면 당장은 지나갈 수 있지만 어느 시점엔 드러난다. 시간의 문제일 뿐이다. 혼날 걸 각오하고 오픈하면 그것 때문에 일어난 일은 회사 차원에서 책임진다. 그런데 끝까지 은폐해서 사고가 커졌을 때 그걸 보고하지 않았다면 그 사고는 회사 차원에서 책임지지 못할 수도 있다." 이런 식의 말을 평소에 하면서 직원이 사고가 났을 때 상황을 공유할 수 있도록 노력해야 한다.

직원관리에는 방심이 있어서는 안 된다. '그냥 알아서 하겠지' 하고 놔두면 직원은 다른 마음을 먹는다. 사장은 직원과 어느 정도 좋은 인간관계를 유지해야 하는 것이 맞다. 그렇지 않으면 자식을 방임하는 것처럼 직원도 방치하게 된다. 돈과 관련한 사고도 사장이 방심하고 있을 때 생기는 법이다. 물론 관계 유지가 잘 되더라도 사고는 날 수 있지만, 그래도 사장이 할 수 있는 최소한의 노력이 사고를 미연에 방지할 수 있다. **시스템으로 허들을 만들어놓으면 시도하는 초기에 경보 역할을 하거나 피해가 줄어든다. 수습할 수 있는 수준의 사고로 최소화하는 것이다.**

직원은 사장을 이해할 수 있을까

어떤 직원은 사고를 숨기다가 수습이 안 되면 갑자기 그만두는 경우도 있다. 조용히 도망가는 것이다. 직원이 감추지 않고 거짓말을 안 하게 하려면 사장이 옆에서 지켜보는 수밖에 없다. 그래서 사장이 상주하지 않는 매장은 항상 리스크를 품고 있는 법이다. 해결할 문제가 있어도 직원은 사장에게 전달하지 않는다.

그 때문에 사장은 마음 상하는 일이 많다. 그렇지만 사장을 컨트롤해주는 사람은 없기 때문에 우선은 참아야 한다. '사장편'에서는 마음 훈련을 위해 낙서, 명상 등의 방법을 이야기했는데, 30년 넘게 장사하다 보니 이제는 그러려니 하고 있다. 직원의 속성은 으레 그렇다는 걸 인정하니까 마음의 동요가 덜 생긴다. 매장에서 직원 때문에 화나는 일이 생겼을 때는 일단 직원에게서 벗어나 그곳을 탈출하는 것이 좋다. 직원들과 같이 있으면 안 된다. 야단을 쳤다면 단 1시간, 30분이라도 현장을 벗어나야 한다. 시간이 지나서 감정의 폭이 사그라들면 다시 돌아오면 된다.

요즘엔 직원에게 말하는 방법을 좀 바꾸어보고 있다. 잔소리를 전혀 안 할 수는 없는데, 아무리 직원은 돌아서면 까먹는다지만 항상 똑같은 멘트를 하면 그것도 듣기에 지거울 것이다. 그래서 감정 이입법으로 말해본다. "네가 사장이라면 어떻게 할래?"

어느 월요일 아침 기분 좋게 출근했는데 손님이 수리한 안경을 찾으러 왔다고 했다. 너무 이른 시각이라 직원이 없어서 내가 수리한 안경을 찾았는데 그걸 본 순간 속으로 짜증이 났다. 우리 안경원에서는 수리 맡겼던 안경이 도착하면 기본적으로 지켜야 하는 수칙이 있다. 손님한테 찾으러 오라고 전화부터 하지 말고 내 자리에 갖다놓는 것이다. 그러면 내가 기본적인 피팅을 해놓겠다는 것인데, 우리 안경원은 얼굴에 딱 맞추는 피팅 체험을 제공하는 곳으로도 유명해서 이건 중요한 일이다. 직원에게 피팅을 직접 하라고 시키지도 않았고, 그저 내 책상에 올려놓기만 하면 내가 시간 날 때마다 일하겠다는 것인데, 그걸 안 한 안타까운 상황이었다.

매뉴얼대로 했으면 그 손님은 오래 기다리지 않아도 됐다. 피팅이 대충 된 안경을 처박아두고 찾으러 오라고 했기 때문에 손님이 기다리는 동안 피팅을 해야 했다. 손님은 상황을 모르니까 기분 좋게 보내드리고 출근한 직원들을 불렀다. 도대체 몇 번째 얘기하냐고 하는데, 할 말 없는 직원들은 눈만 깜박거리고 있었다. 기분 좋게 출근한 월요일 아침에 나도 즐겁게 일하게 해달라고 읍소했다. 어려운 일도 아니니까 조금만 신경써 달라며 덧붙였다. "네가 사장이라면 어떻겠니? 내가 일하겠다고 직원들한테 그렇게 부탁하는데도 눈 하나 깜짝 안 하고 있으면 어떡할래?"

학교에 다닐 때는 돈을 내고 선생님한테 배우지만, 사회에 나와서 매장에서 일할 때는 돈을 받으면서 일을 배운다. 그런데도 직원들은 쉬운 일도 돌아서면 잊어버린다. 그래서 "직원은 직원이다"라는 말이 나온다. **결국 직원을 믿는 건 좋지만 수시로 체크해서 실수하지 않도록 하는 수밖에 없다.** 어떤 직원은 하나부터 일일이 다 지시해야 일이 되는 사람이 있고, 어떤 직원은 알아서 하니까 믿고 맡기면 된다. 그렇지만 인간이란 실수도 하는 게 인지상정이라 정기적으로 하든 불시에 하든 사고를 미연에 방지하는 체크는 하는 게 좋다. 아무리 완벽한 직원도 실수는 한다.

직원과 개인 면담을 하면서 묻는 말

충성심은 진정에서 우러나오는 정성이란 뜻이다. 예전에 내가 젊었던 시절에는 먹고살기 위해 직원들이 알아서 충성을 바쳐 일을 했다. 지금 시대의 젊은 직원에게 나는 충성심을 바라지 않는다. 그저 내가 세팅해 놓은 매장 시스템에 맞춰 시키는 일을 잘 하기 바랄 뿐이다. 대신에 우리 매장에 부족한 점이나 문제점을 충언해 주면 좋겠다. 보통은 아부를 하거나 비위를 맞추는 말은 해도 충언을 하는 경우는 좀처럼 없다.

얼마 전에 우리 매장의 직원 한 명이 "저 이제 잘하죠?"라고 말을 꺼냈다. 4년 정도 근무한 직원인데, "너 잘한다. 근데 못하는 게 있다"라고 했더니 놀라서 순간적으로 살짝 얼이 빠졌다. 손님이 거의 없는 오후 시간에 그 직원이 "제가 부족한 게 뭔데요?" 하고 다시 물어왔다. "너는 충언을 안 하잖아. 내가 심사숙고해서 연구에 연구를 거듭하지만, 나도 사람인데 틀릴 수도 있잖아. 충언을 할 수 있는 사람이 진짜 잘하는 사람이야. 우리 매장에 부족한 걸 말해주면 더 발전하겠지."

충언은 직원과 사장의 관계에 있어서 중요하다. 사장이 직원들에게 충성심을 요구하고 바랄 수는 없다. 그러나 고객에게 최고의 서비스와 상품을 제공해야 하는 것이 매장의 역할이기 때문에 그와 관련해서 충언을 바랄 수는 있다. 이걸 할 수 있는 직원이 사실은 최고의 직원일 것이다.

그렇지만 충언은 남의 단점이나 잘못한 걸 지적해줘야 하기 때문에 젊은 세대에게는 그게 껄끄럽고 익숙하지 않다. 사장은 직원에게 지적하는 게 익숙할 수 있지만, 직원은 사장에게 말하는 게 어렵다. 그래서 나는 개인 면담을 하면서 한 마디씩 묻는다. "우리 집에 부족한 게 뭐냐? 개선해야 될 게 뭐야? 불편한 거 없어?" 사실 개인 면담을 할 때 할 말이 많진 않다. 예전에는 개인사를 묻기도 했지만 요즘엔 그런 걸 묻지 않는 게 서로에 대한 존중이라고 생각하는 분위기다. 그래서 결국 일과 관련한 이야기를 해야 한다.

직원들은 사장 앞에서는 괜찮다고 하고 뒤에서 모여 뒷담화하는 경우가 많다. 사장과 직원은 본질적으로는 융합이 되는 관계는 아니다. 아무리 마음을 열고 가족처럼 해줘도 어쩔 수 없는 것이 있다. 나이 차이가 많이 나서 그럴 수도 있지만, 아무리 허심탄회하게 이야기를 터놓을 수 있도록 분위기를 조성해도 요즘에는 더욱 이게 안 된다. 그래서 직원들의 불편함이나 개선점을 이야기하는 것으로 면담을 하고 있다. 직원이 어떻게 하면 성장할 수 있을까, 이 점에 포커스를 맞춰서 대화를 이어가면 좀 더 수월해진다.

장사에서 일이란 무엇인가 ──────

어느 선까지
가르쳐줄 것인가

처음 장사할 때 대구에서 안경원을 하던 나는 2011년에 안양으로 올라와서 '쓰리팩토리'라는 안경원 브랜드를 만들어 매장을 열었다. '공장가' 콘셉트가 소비자에게 잘 먹혔고 이슈가 됐다. 그러던 어느 날, 석 달 전에 들어왔던 직원 한 명이 그만둔다고 했다. "그런 얘기 없었잖아" 했더니, 자기 매장을 오픈해야 된다며 그 길로 안 나왔다. 그 직원은 석 달 동안 매장이 돌아가는 룰과 시스템, 가격 정책 등을 싹 빼먹고 한 마디로 도망간 것이다. 그 뒤로도 고맙다는 연락 한 번이 없었다. 이후로 지금까지 언제든 직원은 충분히 그럴 수 있다고 생각하고 조짐이 보이는 사람은 안 쓰겠다는 것이 원칙이 되었다.

그런 일이 있으면 직원을 믿고 있던 사장의 마음은 아프다. 경력이 있으면 대충 돌아가는 시스템과 룰을 캐치할 수 있으니까 그것만 쏙 빼먹고 그만둘 수 있다. "몇 달 하고 나간다"고 하면 채용을 안 할 테니까 "마지막이라 생각하고 열심히 해보겠다"는 식으로 말한다. 그런 욕심은 숨기면 알 수가 없는데 보인다고 해도 뭘 어쩔 수 있는 건 아니다. 일할 사람이 없으면 몇 달이라도 그냥 쓸 수밖에 없다.

다들 알다시피 "서당개 3년이면 풍월을 읊는다"라는 말이 있다. 세월이 지나면 대충은 알게 되는 법인데, 1%의 특이점은 못 찾을 수도 있지만 나머지 99%는 3년이 지나면 가져갈 수 있다. 그런데 이 1%를 못 찾고 나가서 오픈했다가 쫄딱 말아먹는 사람도 많다. 보통은 겉만 보고 시스템을 베끼면 다 된다고 생각하기 때문이다.

기업의 경우에는 그 안에서 돌아가는 일을 똑같이 베끼는 건 무리가 있다. 비용이나 자금도 많이 들고, 혼자 할 수 없는데다가 시간이 걸린다. 그런데 매장은 똑같이 가져가서 베끼는 게 비교적 쉽다. 레시피 하나만 훔쳐가도 더 많은 자본으로 경쟁 음식점을 차릴 수 있다. 도용했다는 걸 증명하기도 쉽지 않다. 그러나 어쩔 수 없는 부분이 있어도 최소한의 보안은 있어야 할 것이다. 업종마다 다르겠지만 핵심 기술은 가르쳐주지 않는 것이 이롭다. 코카콜라는 제조법의 비밀을 지키기 위해 특허 출원을 하지 않았다. 덕분에 130년이 넘게 비밀 레시피를 유지해오고 있다. 특허 기술은 20년만 보호해주기 때문에 이후에는 공개돼 버리니까 신중하게 생각할

장사에서 일이란 무엇인가 ───

일이다.

도둑질보다 더 나쁜 건 따로 있다

견물생심은 인간의 본성이다. 사장들은 이 점을 절대로 놓치면 안 된다. 돈이 보이면 욕심이 생기게 돼 있다. **이것을 방지하기 위해서 사장은 도덕적인 장사 철학을 갖추고 있어야 하며, 직원이 불미스러운 일을 하기 어려운 환경을 만들어야 한다. 도둑질하는 놈보다 도둑질하게 환경을 만든 놈이 더 나쁘다.** 훔쳐간 놈을 욕하지 말고 그럴 수 있도록 방치하고 분위기를 조성한 사장이 더 나쁘다고 생각하면 미연에 방지할 수 있다.

우리 매장은 객단가를 높이는 작업을 몇 번에 걸쳐서 리뉴얼하고 시스템을 바꿔서 지금은 괜찮아졌지만, 예전에는 주말 장사에서 130~140건 판매를 하고 나면 너무 바빠서 머리가 아득해질 지경이었다. 어느 날은 직원들이 녹다운된 상태인데 재고 조사를 하자고 했다. 우리 매장은 수입 고가품이 다른 곳에 비해 많기 때문에 꼭 필요한 상황이었다. 정신없는 틈을 타서 그것들 중에 하나를 누가 슬쩍 집어간다 해도 알 도리가 없다. 실제로 그렇게 수입테를 가져다가 팔아먹고 술값으로 탕진하는 경우도 있다.

한 직원이 그날 내게 말했다. "대표님, 힘들어 죽겠는데 이것 좀 안 하면 안 돼요?" 재고 조사란 희한하게도 딱 맞아떨어지는 경우가 별로 없다. 나도 잘 알고 있다. 이론적으로는 이게 숫자가 맞아야 하는데, 해보면 제대로 맞는 경우가 거의 없다. 그러면 참 미칠 노릇인데, 남아서 안 맞는 이유를 다 찾아야 하니까 직원은 힘들어 할 수밖에 없다. 손님들한테 하루종일 기를 뺏기고 나서 그것까지 하려니까 하기 싫어하는 것도 이해는 간다.

그때 이런 말로 설득했다. "도둑놈보다 도둑질하게 만든 놈이 더 나쁜 놈이라는 말이 있다. 누군가 이거 한 개 집어간다고 해서 표시가 나니? 네가 사장이라면 어떻게 할래? 여기에 돈이 몇 억이 들어가 있는데 하루에 한 개씩만 가져가도 손해가 엄청나게 불어난다. 너 같으면 잠이 오겠냐? 내가 원하는 건 재고를 정확히 맞추자는 것이 아니다. 수십 년 동안 나도 재고를 맞춰봤지만 물론 맞추기 힘들다. 그보다는 너희들 마음에 나쁜 행동을 할 여지가 스며들지 않게 하려는 것이다. '여기 사장은 재고정리를 하는 사람이야'인 경우와 '여기 사장은 신경도 안 써'인 경우가 있다면 어떻게 달라질까? 재고 맞추느라 남아서 일 시키려면 밥 사주고 전기세 더 쓰고 눈치 보며 챙겨주느라 돈도 에너지도 더 들어간다. 그러나 나의 목적은 너희들을 나쁜 놈 안 만드는 것이라서 이건 해야 한다."

핸드폰 대리점에서도 이런 일이 발생할 수 있다. 매장 안에 재고가 수백 대가 있는 것도 아닌데 고가의 핸드폰 개수가 수불이 안 맞는 경우가 많다고 한다. 전산 시스템상의 시간 오차로 없는 물건이 있는 것으로 파악되는 경우가 있고, 그걸 이용해 고가의 상품에 직원들이 손을 댈 수도 있다. 휴대폰 매장을 여러 곳 하는 사람도 있는데, 그중에 사장이 일주일 단위로 재고정리를 하는 경우와 그렇지 않은 경우는 몇 억의 손실이 눈앞에서 사라질 수가 있다. 증거가 확보되어 소송까지 가더라도 그럴 때 횡령한 돈은 대개 유흥비로 소비되기 때문에 승소해도 실제로는 돌려받지 못할 수 있다. 심지어 싸게 많이 파는 상품을 구비하고 있는 다이소도 예전과 달리 요즘에는 QR코드를 붙여놓고 재고관리를 한다.

"여기는 회계관리 누가 해?"

매장의 기술적인 부분에 A급 비밀 노하우가 있다면 노출되지 않도록 잘 관리하는 것이 좋을 것이다. 금전적인 부분에서도 직원이 유혹에 노출되지 않도록 경리나 회계는 사장이 직접 하는 게 좋다. 요즘은 카드 결제가 대부분이니까 큰 사고의 가능성은 별로 없다. 그보다 송금은 맡기지 않는 것이 좋다.

얼마 전에 손님이 와서 걱정이 되셨는지 슬쩍 내게 물었다. "이거 회계관리 누가 해?" 왜냐고 했더니 "이거 잘해야 되는데. 믿으면 안 되는데" 한다. 손님은 자동차회사 CEO였던 분인데 경리는 믿으면 안 된다고 꼭 얘기해주고 싶었다고 한다. 내가 직접 한다고 했더니 천만다행이란다. "사업 오래 하면서 그것 때문에 망한 사람이 많으니까 회계관리는 꼭 직접 하라"고 다시 한 번 이야기했다.

그런데 장사를 하더라도 투명하게 경영하면 사장이 혼자서 하기 버거울 때 회계관리를 맡겨도 큰 지장은 없다. 통장에 돈 관리 혼적이 남도록 원칙을 두고 처리하면 누가 송금을 했을 때에도 바로 접근할 수 있으니까 체크를 자주 한다는 원칙을 세우면 된다. 회계 관리를 직원이 하면 탈세 같은 비리가 있을 경우 예전에는 보호해 주고 그랬다지만, 요즘에는 고발할 확률이 상당히 높다고 한다. 지금 세대는 비리를 고발하는 게 보편화돼 있고, 그게 정의롭고 자연스러운 일이다. 그만큼 격세지감이 있다.

그보다 가장 큰 쟁점은 견물생심이다. 가지고 싶은 마음이 드는 분위기를 안 만들면 되는데, 규모가 커지면 점점 힘들어진다는 게 문제다. 자영업은 한 사람에게 경리를 맡기면 그 사람이 주도권을 가지고 움직이기 때문에 현실적으로 어렵다. 큰 회사에서는 크로스체크를 하지만 장사하는 매장에서는 그게 쉽지 않다. **결국 방법은 투명하게 경영하면서, 복잡한 것이 있으면 사장이 직접 회계 관리를 하는 것이다.** 시대가 바뀌었기 때문에 자영업이라도 100% 투명하게 관리하는 게 위기관리 차원에서도 맞다.

고수만이
갖고 있는 1%

사장의 경영철학 안에서 매장의 콘셉트가 제대로 구현되려면 직원들에게 일의 핵심을 적극적으로 전수해줘야 할까? 물론 어느 정도는 공유되어야 하는 것이 맞다. 그런데 사장이 마음을 안 다치려면 일을 전수하겠다는 생각은 버리는 게 상책이다. 예전에는 오지랖 넓게도 뭔가 주고 싶어서 이것저것 가르쳐주곤 했는데, 오래 장사를 해보니 이제는 그렇게 하지 않는 것이 효율적이라는 것을 알게 되었다. 목마른 사람이 우물을 판다고 했다. 요청하는 사람은 가르쳐주면 되지만, 내가 쫓아다니면서 주는 것으로는 목마름 해소가 안 된다. 잠시 잊을 뿐이다.

예전 세대에는 먹고살기 위해서라도 직원들이 직접 우물을 파기 위해 기꺼이 뛰어들었지만, 지금은 그렇지가 않다. *스스로*

돕는 자에게 길이 열리는 것이 동서고금을 막론한 인생의 법칙이지만, 꼰대의 잔소리로 치부해버리면 하는 수 없다. 요즘에 흔히 볼 수 있는 젊은 직원의 모습은 우물을 파기는커녕 계속 떠먹여주길 바라는 것이다. 그것도 본인이 먹고 싶을 때 먹고 싶은 만큼만 주길 원한다.

젊은 직원들도 자신의 가게를 해서 성공하고 싶다는 염원은 가지고 있다. 그런데 성공이란 너무나 냉정한 것이라서 아무한테나 가는 것이 아니라는 점을 간과하고 쉽게 착각한다. **욕심은 가득한데 스스로 배움을 요청하지 않는다면 당연히 미래는 없다. 성공하려면 한끗 차이의 예민함을 배워야 한다.** 사장이 적극적으로 연수시켜 주면 얻는 게 많을 것 같지만, 그렇게 하면 오히려 고마움이 없어서 제대로 배우지 못한다. 얻으려는 사람이 옆에서 보고 스스로 배워야 한다. 이때 모르면 질문을 해야 된다. **배움의 가장 좋은 지름길은 질문이다.**

'사장편'에서 노하우를 얻기 위해서는 고수를 찾아가라고 했는데, 요즘엔 고수에게 배우겠다고 먼저 찾아오는 사람을 만나기 힘들다. 그 대신 우리 직원들은 인연의 법칙에 따라 찾지 않고도 나를 만났으니 운이 따른 것이다. 내가 쓴 책『일류 아빠의 생각』에서 인연을 3가지로 나누어 설명한 적이 있다. 전국의 수많은 안경원 중에 하필 우리 매장으로 와서 나와 만났고, 그걸 자기 운으로 만드는 건 직원 자신이다. 지금의 인연이 고마운 줄은 먼훗날에야 깨달을 것이다. "네가 뭘 원하는지, 뭘 모르는지 내가 일일이 쫓아다니면서 알아볼 수는 없다. 내가 알아서 줄 수는 없으니, 나에게 있는 동안 너희가 원하는 걸 내게서 뺏어가라. 그걸 목표로 삼으면 된다." 그렇게 말해줄 뿐이다.

스스로 찾아야 1%를 얻는다

"뭔가 안 가르쳐줍니까?" 가끔은 그렇게 묻는 직원도 있다. 그런데 가르쳐주는 건 돈을 내고 배워야지, 직장에서 돈을 받으면서 가르쳐 달라는 건 사실 이상한 말이다. 한 마디로 도둑놈 심보다. 내가 배움을 안 주려고 노력하는 건 아니니까 빼앗아가라는 게 가장 솔직한 표현이 맞다. 직원도 내 식구인데 가져가지 말라는 소리는 나도 안 한다. 그저 직원 스스로 보고 받아들일 수 있도록 분위기를 만드는 수밖에 없다.

주고도 욕먹을 수 있다는 걸 알기 때문에 사장이 진짜 고수일수록 입을 다문다. 다만 직원이 질문을 하면 그걸 듣고 고수들은 생각한다. 사람마다 급이 있어서 질문을 들으면 직원의 실력을 가늠할 수 있고, 거기에 맞춰서 가르쳐주면 된다. 그런데 자기 실력이 드러날까 봐 질문을 안 하는 경우가 대부분이다. 교실에서 선생님이 질문할까 봐 학생들이 고개 숙이고 눈을 마주치지 않는 것과 같다. 그 와중에 부끄러움을 접어두고 물어야 한다. "이것도 몰라?"라고 할 수도 있지만 그것까지 감수하는 것이다.

그래야 스승의 마음이 열린다. '저놈은 그래도 배우려는 생각이 있구나' 하고 더 신경쓰는 법이다. 서당개 3년이면 풍월을 읊는다고 해서 3년만 채우면 핵심 노하우를 가르쳐줄 것이라 생각한다면 천만의 말씀이다. 그 3년의 세월도 누가 어떻게 지내느냐에 따라 배움은 다르다.

3년 동안 일을 하면 물론 흉내는 낼 수 있다. 하지만 질문을 통하지 않고 예리함이 없으면 겉만 배운다. 아주 작은 1%를 놓친다. 프로와 아마추어의 차이는 그 1%에 있다. 손바닥과 손등의 거리만큼 한끗이라서 잘 알아차리지 못할 뿐이다. 사장이 알아서 직원에게 1%를 가르쳐줄 사람은 없다. 그걸 찾기 위해서 수십 년 동안 고민하면서 체득한 것을 직원이라는 이유만으로 잠깐 있다 갈 사람에게 전수할 사람은 없다.

결국은 고수에게 배울 동안 스스로 1%를 찾아야 한다. 고수마다 가지고 있는 1%는 여러 가지가 있을 텐데, 다른 사람에게는 없지만 그 사람에게만 있는 1%를 찾으려면 예리함을 갈고 닦아야 한다. **그냥 '3년 지내면서 일 배우면 되겠지'라는 생각은 순진한 것이다. 관심을 가지고 지켜보면서 저 고수가 가지고 있는 1%가 뭔지 예리하게 관찰하고 조사하면서 자꾸 질문을 던져야 한다.** 그러면 그 사람이 말하는 중에 은연중에 나오게 된다. 여러 각도로 질문을 하다 보면 공통된 것들이 나오는데, 노하우란 사실 그 사람의 철학, 기준, 원칙에 있는 것이다.

아는 사람이라면 느끼는 디테일의 힘

우리 안경원에서 내가 가진 기준은 아주 예민하고 디테일한 부분까지 포함한다. 예를 들면, 우리 안경원에는 미용실을 벤치마킹한 피팅 의자가 있다. 고객 응대 시뮬레이션을 하면서 내가 앉았을 때 이게 5도가 비뚤어진 걸 보고 한 직원에게 전담해서 신경쓰라고 말한 적이 있다. '나 같으면 구매 안 하겠다'고 그 기준을 알려주었다. 그런데 몇 달 뒤 안경을 만들면서 가공하는 기계를 보니 상태가 딱 그랬다. 4도 정도 몸체가 틀어져 있는데, 직원들이 기계 각도가 삐뚤어진 채로 균형도 보고 조제도 하고 있었다.

그걸 보고 있다가 아무도 신경을 쓰지 않길래 그전에 피팅 의자를 신경쓰라고 얘기해줬던 4년차 직원을 불렀다. "얼마 전 피팅의자에 대해 이야기했지. 근데 너는 왜 의자만 생각하니? 그걸 배웠으면 네가 생활하는 모든 것에 적용해야지. 내 눈에는 보이는데 너는 어때? 물론 삐뚤어져도 안경은 만들 수 있지. 그렇지만 기계 축이 틀어졌는데 거기서 균형을 맞춰봐야 0.01%라도 오차가 안 생길까?"

그런 걸 꼼꼼하게 보지 못하면 성공하고 싶다는 얘기도 꺼내면 안 된다. 성공은 엄청나게 어려운 것이어서 모든 게 완벽할 때야 비로소 찾아온다. 게다가 일일이 이것도 가르쳐주고 저것도 가르쳐주고 그때그때 지적할 수는 없다. 하나를 가르쳐줬으면 그 이론을 모든 생활에 맞추는 건 스스로 해야 한다. 예리함과 특별함은 그렇게 갖춰지는 것이다.

　중요한 걸 모두에게 가르쳐준다고 해도 그걸 습득하는 사람이 있고 못 가져가는 사람이 있다. 그게 중요한 것이라고 알아차리고 자기 것으로 만드는 사람만 배움 후에 성공할 수 있다. 1%를 볼 수 있는 감각과 철학을 배워야 한다. 매사에 모든 걸 철두철미하게 볼 수 있는 습관, 자신에게 오차를 허용하지 않는 단호함, 그런 기준들이 몸에 배어야 장사에 성공할 수 있다. 그래서 사장은 힘들다는 것이다. 자기관리가 돼야 하며, 그것이 직원들에게까지 미쳐야 한다. 성실함, 솔선수범, 도덕성이 갖춰져야 직원이 신뢰하고 따른다. 그렇지 않고 신뢰와 존경심이 없는 조직이라면 그곳은 와해될 것이다. 그래서 지금 시대의 장사하는 사장은 정말 힘든 직업이다.

장사에서 권한 이양은
하지 않는다

　예전에 안경원의 물건 사입을 직원에게 맡겨본 적이 있다. 나는 빠지고 직원에게 권한을 줘서 맡겨봤는데, 문제는 점점 내가 현실감각이 없어진다는 것이었다. 어느 순간부터 거래처에서 사람이 오면 나를 아무것도 모르는 사람 취급을 하는 분위기가 됐다. 실질적인 오더는 직원이 하다 보니까 나는 결제만 해줄 뿐인 허수아비 사장 같았다. 부작용이 커서 '이러면 안 되겠다' 깨닫고 대대적으로 바꾸었다. 이후로 지금까지 사입에 관한 건 모두 내가 컨트롤한다.

　직원보다 오래된 경험으로 물건을 가지고 온 젊은 영업사원들에게 정보 수집을 한 뒤에 사입을 결정하는데, 그래도 불만인 직원이 있다. "맨날 사장 맘대로네. 예쁜 게 없어." 이렇게 말하는 직원도 있다. 그러나 사람은 보는 관점이 다르니까 그런 건 한 귀로 듣고 한 귀로 흘리면 된다. 자기도 직접 골라보고 싶은 마음에 뒤에서는 샘내고 욕하는 경우가 있다. '좀 맡기지. 너무 사장 혼자 다 하려고 하네' 이렇게 생각하는 것이다. 그럴 땐 적절하게 밀당을 하는 것도 좋다. 10번 중에 한 번쯤 "오늘은 네가 한번 해봐" 하고 툭 맡겨두는 것이다. 판매만 하던 직원이 많은 물건 중에서 골라보고 싶은 욕심이 드는 것도 사실 자연스러운 일이다. 너무 규칙대로만 해도 너무 제한만 해도 부작용이 생기니까 적절하게 조절할 줄 아는 것이 좋다.

회사와 달리 장사에서는 중요한 건 권한 이양을 하지 않는 것이 기본 원칙이다. 물건 사입이라든지 거래처 관리라든지 회계와 금전적인 부분은 절대 맡겨서는 안 된다. 장사하는 사장이 물건 사입을 위임하는 경우는 의외로 많은데, 사실 이것은 사장이 해야 할 기본 역할이면서 끝까지 해야 할 일이다.

직원에게 중요 권한이 가 있는 상황인데 그 직원이 나가버리는 상황도 있다. 때로는 비리를 저지르거나 사고를 쳐놓고 발을 빼는 비양심적인 사람도 있다. 직원을 가족처럼 생각하고 잘해주라는 말도 있지만, 장사하는 매장에서 직원은 '언젠가는 떠날 사람'이라는 걸 생각해야 한다. 우리 모두는 언젠가는 죽을 것이라 생각하면 삶을 잘 살 수 있듯이, 직원의 퇴사는 언젠간 찾아올 현실이라고 생각하면 그 직원에게 바라는 것, 기대하는 것이 줄어든다. 지금 당장 내가 편하려고 중요한 걸 위임했다가 그 직원이 나가면 리스크는 부메랑으로 돌아온다. 장사하는 사장은 직원의 권한을 최소화하고 자신이 감당해야 할 몫을 넘기면 안 된다.

비리는 사전에 막는다

직원은 고객 응대를 해야 하기 때문에 자율성을 가지고 일해야 하지만, 절대 허용하지 않는 사장만의 권한이 있다. 흥정이 있는 장사에서 가격을 비롯해서 금전적인 것들, 그리고 인사권이다. 돈과 관련해서만큼은 절대 사장이 놓으면 안 된다. 특히 결제 부분이 그렇다. "거래처 오면 이 카드로 결제해줘" 하는 일이 있더라도 직원은 항상 보고를 해야 한다. 그러면 카드는 놔두더라도 내가 결제를 해준 것이 된다.

거래처와 직원이 담합하여 공동행위를 하는 경우도 종종 벌어진다. 안경원에 부장 등 직급이 있을 때는 거래처를 통해 부장에게 뒷돈이 들어올 수 있다. 식당에서 직원이 물건 사입을 한다면 거래처에서는 "물건 대줄 테니까 사장 모르게 우리 것 좀 팔아줘" 하는 일도 생길 수 있다. 사장이 관여를 안 한다면 "기존 제품은 맛도 없고 가격도 비싸요. 요새 새로 나온 게 좋은 게 있어요"라는 식의 권유로 언제든 비리를 만들 수 있다. 진짜로 이유가 있을 수도 있지만, 보이지 않게 뒤에서 유혹이 있는 경우도 많다. 특히 유통과 관련해 크게 좌우되는 장사라면 사장이 직접 컨트롤하는 게 맞다.

물론 직원이 충언으로 이야기하는 경우도 있다. 그러나 최종 판단은 역시 사장의 몫이다. 직원의 기준으로 충언할 수 있지만 사장의 기준으로는 다를 수 있다. 사장이 그걸 판단하려면 현실적인 감각이 있어야 한다. 맛이 없으면 왜 맛이 없는지, 진짜 맛이 없는 것이 맞는지 직접 먹어보고 손님들에게 테스트했을 때 맞다고 판단되면 그때 바꾸면 된다. 모든 책임은 사장이 지는 것이다. 직접 경험하고 직접 체크해보지 않은 상태에서는 검증 없이 직원 한 사람의 말만 믿으면 안 된다.

사장이 자주 자리를 비우고 직원에게 권한을 주면 기준이 없어서 벌어지는 일들이 있다. 예를 들어, 가격을 깎아 달라는 손님이 있을 때 직원에게 권한이 있으면 막 퍼준다. 그런데 그 직원이 그만두고 사장이 자리를 채웠을 때는 말도 안 되는 걸 해달라고 하는 고객들을 잔뜩 만날 것이다. 그걸 모르는 사장이 원칙대로 하면 "사장이 돼 가지고 직원보다 더 인심이 없네" 하고 더 이상 방문하지 않을 것이다. 그래서 할인을 해주더라도 내게 보고를 하고 반드시 "사장님이 이번엔 해드리라고 했습니다"라고 고지하게 한다. 사장이 해준 걸로 인식시켜야 그 직원이 나가고 나서도 사장은 장사를 계속 할 수 있다.

직원은 서운해할 수도 있지만, 잠시 만났다 헤어질 인연인데 어쩔 수 없다. 직원을 이해시킬 때 이런 이야기를 한다. "이 매장이 오래 가려면 너희들은 잠시 있다 떠나가는 존재라는 걸 알아야 돼. 사장과 매장은 계속 여기 존재해야 한다. 그러려면 여기 사장이 인심이 좋다는 얘기를 들어야 돼. 직원이 잘해주는 걸로 하면 너는 일할 때 편하겠지만 너희들이 나가면 이 매장은 직격탄을 맞는다." 직원이 인심 좋다는 소리를 들으면 그 직원이 나가는 순간 매장은 경쟁력을 잃는다.

직원은 여기가 아니더라도 직장이 많지만 사장은 다르다. 직원은 언젠가 떠나지만 사장은 자기 가게이기 때문에 변함없이 열심히 해야 한다. 사장이 편하려고 직원들한테 시키고 자신은 안 하면 그 매장은 오래 못 간다. 사장은 직원에 대한 의존도를 최소로 줄이고, 영원한 직원은 없다는 걸 항상 염두에 둬야 한다. 만약 매장에 상주하지 않는 사장이라면 이런 걸 체크하지 못하고 "손님들한테 친절해야 돼"라는 교육밖에는 하지 못할 것이다.

어느날 50대 중반의 여성이 내가 강의하고 있는 〈한국안경아카데미〉의 피팅 수업에 들어왔다. 자격증을 딴 지는 2년 정도 됐고, 남편은 오래 전 안경광학과가 생기기 전에 안경사가 된 분이라고 했다. 그 부부의 안경원에는 7년 차 안경사 직원 두 명이 있었고 그 둘에게 안경원을 전적으로 맡겨놓았는데, 몇 달 전 두 명이 동시에 갑자기 나갔다고 한다. 이유는 본인들 안경원을 오픈하기 위해서였고, 인수인계도 없이 갑작스레 벌어진 일에 부부가 멘털이 나갔다고 했다. 그동안 맡겨놓고 신경도 안 썼는데 2년 차이지만 아무것도 할 줄 모르는 자신이 갑자기 일을 하게 되어 수업을 듣게 됐다며 억울해했다.

피팅 수업을 고른 이유를 물었더니 손님 이야기를 꺼냈다. 하루는 다초점렌즈를 해간 손님이 있었는데, 예민한 분이어서 열 번은 왔다 갔다 했단다. 렌즈도 바꿔보고 안경테도 바꿔보고 했는데 손님은 계속 불편하다고 했고, 도저히 해결을 못하겠다 싶어서 고민을 했다. 그리고 나서 내린 최종 결론은 '피팅의 문제'였다고 한다.

이야기를 듣고 나는 말해주었다. "그동안 직원만 믿고 있으면 안 됐어요. 준비를 했어야죠. 직원들 나무랄 게 못 됩니다. 직원들도 자기 인생이 있는데 7년 차면 자기 매장을 하고 싶죠. 욕할 필요 없어요. 그동안 많이 노셨잖아요? 골프도 치고 많이 놀러다니셨죠?" 했더니 그랬다고 하셨다. "세상이 바뀌었어요. 직원은 언제 떠날지 모르니까 항상 준비를 해야 돼요. 여태까지 편안하게 놀았던 거 메꾸는 거예요. 세상에 공짜 없어요."

융통성은 사장만의 권한이다

아무리 장사에서 권한 이양이 금물이라고 해도 직원이 일할 때 불편함이 있으면 안 된다. 돈과 관련이 없는 건 맡겨도 된다.

고객 응대를 하고 매출이 일어나는 접점에서는 재량권을 줘야한다. 관리 측면이 아니라 직원이 필드에서 장사를 잘 하기 위해서다. 금전적인 것과 인사권을 빼면 나머지 일은 서비스, 고객응대, 장사 준비, 잡일 등이다. 그래서 우리 안경원에서는 직급제를 없애고 담당자가 일에 책임을 지는 시스템을 도입했다.

예를 들어, 우리 안경원에는 무료 AS를 해주는 기준이 있는데, 가끔은 그 기준에서 벗어나는 경우가 있다. 직접 고객을 대면하는 직원이 보기에 왠지 이 손님에게는 해주고 싶은 마음이든다. 회사에서 정한 룰에 의하면 안 되지만, 실무자 입장에서응대하다 보니까 여러 가지 이유로 무료 AS를 해주고 싶은 것이다. 할머니 손님이 안 돼 보였을 수도 있고, 젊은 직원이 보기에아가씨가 예뻐서 해주고 싶을 수도 있다. 그러면 직원이 명분을찾아서 '이런 이유 때문에' 해주면 좋겠다고 사장에게 말하면 허용할 때가 있다. 그러면 "네 생각은 어때?"라며 묻고, 규정으로는안 되지만 한 번씩 힘을 실어준다. "그러면 이번은 네가 알아서해봐" 하는 것이다.

모든 걸 원리원칙대로만 하면 직원은 힘이 빠진다. 재량을 주는 횟수는 10% 정도 범위로 생각하면 적절할 것이다. 직원의 사기와 성과를 내는 데 필요한 예외사항을 허용해주는 것이다. 그렇지 않고 원칙에 100% 엄격하면 고객을 다 잘라버리는 셈이 된다. '어떨 때는 허용해주더라' 하는 경험이 생기면 직원은 정해진

선에서 매출을 올리기 위한 융통성을 발휘할 수 있다. 기계적인 사고를 안 하게 된다. 적정선이 어느 정도냐는 명확히 설명할 수 있는 일은 아니다. 사장이라면 그런 적정 밸런스를 갖추고 원칙이 있으면서도 여유와 너그러움을 가진 사람이 돼야 한다. 기준은 있지만 융통성을 발휘하는 것이다.

장사는 사람의 감정이 발휘되기 때문에 원칙과 기준이 있어도 어느 정도 융통성이 발휘돼야 하는 일이다. 그 기준은 '명분이 있는가?'이다. 고객에게도 만족이면서 사장도 만족하면 명분은 성립된다. 고객 만족이지만 사장에게 마이너스라면 융통성이라고 말할 수 없다. 안경원이라면 '우리 매장에 매출을 많이 내주는 손님인가? 온 가족이 다 오는 손님인가?'라는 대답에 긍정이면 충분한 명분이 된다. 다른 손님에게 10% 할인이라면, 이 손님에게는 20% 할인도 가능하다. 한 번 융통성을 발휘했는데 고맙다며 영원한 고객이 되어주는 사람도 있다. 그러나 처음 방문한 사람이 막무가내로 무리한 할인을 요구하는 경우라면 그건 허용할 수 없다.

정찰제 매장이라면 가격에 대해서는 융통성이 필요 없이 그냥 팔기만 하면 된다. 흥정이 있는 장사에서는 융통성이 잘 발휘돼야 한다. 이 흥정에 대한 융통성은 오너의 재량이다. 우리나라 사람들은 흥정하는 것에 익숙하다. 특히 나이 많은 사람들은 더욱 그렇다. 깎아 달라는 요청을 무 자르듯 잘라버리면 고객은 만족이 안 된다. 할인보다 덤을 주든지 기분 나쁘지 않게 조정해주는 것이 융통성이다. 직원들이 해도 되는지 묻는 경우에는 왜 싸게 해줘야 하는지 직원이 나름대로 설명하는 걸 들어보고 타당성이 있는지 내가 판단한다. 할인의 명분은 직원이 찾아오게 하면 그것도 훈련이 된다. 무조건 할인해 달라는 부탁은 들어줄 수 없다.

잔소리보다
매장 운영 매뉴얼

　우리 안경원에 신입 직원이 들어오면 업무 교육을 위해 매뉴얼이 제공된다. 그전에 **매뉴얼이 없을 때는 계속 지적하면서 화를 내기 일쑤였다.** 얼마나 말할 게 많은지 끝도 없었다. 그런데 같은 말을 반복하는 것이 자꾸 잔소리가 되니까 직원들에게도 나에게도 스트레스였다. 어느 날 답답한 마음에 서점에 가서 책을 읽다가 매뉴얼을 만들라는 내용을 보고 눈이 번쩍 띄었다. 그렇게 **잔소리 대체용으로 매뉴얼을 만든 건 정말 잘한 일이었고, 적극 추천하고 싶은 일이다.**

　매뉴얼을 처음 쓸 때는 어떻게 해야 할지 참 막막했는데, 막상 내가 이 업종에 종사하면서 필요한 것들을 쭉 적어보니까 생각보다 쉬웠다. 내가 고객 응대를 한다 생각하고 고객이 문 열고 들어와서 검사를 하고 필요한 물건을 고르고 결제하고 피팅까지 하고 배웅하는 프로세스를 가상으로 연상해본다. 검사할 때 중요하게 생각하는 것, 판매를 권할 때, 얼굴에 안경이 편하게 맞도록 피팅할 때 중요하게 여기는 것들을 다 적으면 된다. 식당이라면 접객을 어떻게 하고 메뉴를 어떻게 권하고 계산을 어떻게 하는지 자기 나름대로 이상적으로 생각하는 것을 적으면 된다. 매뉴얼은 처음부터 완벽하지 않아도 된다. 적용해서 하다 보면 놓친 게 보일 것이고 몇 번의 수정을 거쳐 완성해가면 된다.

매뉴얼을 만들어서 적용할 때 알아야 할 점은 매뉴얼을 제공한다고 해서 직원들이 잊어먹는 게 없어지는 건 아니란 것이다. 사실 효과 측면에서 말하자면 별로 크지는 않다. 다만 매뉴얼이 좋은 점은 신입 직원이 들어왔을 때 '여기는 이런 것들을 지켜야 하는구나' 하는 인식을 심기에 좋다는 것이다. 그리고 매일 똑같은 잔소리를 안 해도 된다는 것이 매뉴얼의 가장 좋은 선기능이다. 요즘 우리 안경원에서는 한 달에 한 번 아침에 30분씩 매뉴얼을 읽힌다. 같은 말을 반복하는 것보다 스트레스가 적어서 좋다. 대신 정독하지 말고 처음부터 끝까지 한 번 훑어보라고 한다. 그걸 앉아서 정독하고 있으면 30분 동안 다 못 읽기 때문이다. 기존의 직원들은 알고 있는 내용이지만 잊어먹을 수 있으니까 다시 한 번 복기시키는 것이다. 그날 교육은 "정독하지 말고 쭈욱 훑으면서 내가 안 하고 있는 걸 찾아라. 그래서 내일부터 적용시켜라" 하고 한 마디만 말하면 끝이다.

매뉴얼은 직원보다 사장을 위한 것

매뉴얼을 쓸 때는 직원들 입장에서 쓰면 안 된다. 매뉴얼은 직원들을 위한 것이 아니라 **사장이 그 매장을 운영하면서 필요한 것들이다.** 나는 이 업에 대해서 이런 생각을 하고 이렇게 고객을 대하니까 직원들도 사장처럼 똑같이 해주길 원한다는 의미에서 직원에게 매뉴얼을 공개하는 것이다. 주인정신을 기대한다기보다 내 마음이 들어가 있는 것이니 "그냥 이대로만 해줘" 하는 의미다. **나의 철학과 기준과 원칙을 공개하는 것이기 때문에 매뉴얼대로만 하면 사장이 화낼 일도 없고 직원과 싸울 일도 없다.**

매뉴얼 작성이 막상 해보니 쉬웠다고 말한 것은 그저 내 생각을 적으면 되기 때문이다. 장사하는 업종이나 매장 크기가 다르면 내용은 달라지겠지만, 그동안 안경원에서 직접 일해보고 중요하게 생각한 것들, 손님 응대를 하며 느낀 것들, 조제, 검안까지 필요한 최소한의 것들을 적어놓았다. 너무 어렵거나 너무 디테일하게 적으면 좋지 않고, 가장 기본적이고 가장 중요시하는 것만 부문별로 몇 개씩만 적는 것이다. 예를 들면 검안에서 몇 개, 조제에서 몇 개, AS에서 몇 개, 전화받을 때 중요시하는 것 몇 개 등이다. 그래서 직원으로 일을 안 해본 사람은 매뉴얼 짜기가 어렵다. 산전수전 다 겪은 사장은 디테일한 부분까지 가상 시뮬레이션을 돌려볼 수 있지만, 만약 1년만 종업원 생활을 했다면 잘 모를 수도 있다.

우리 매장의 직원들은 만약에 퇴사하면 아마도 이 매뉴얼을 다 챙겨갈 것이다. 압축된 노하우이기 때문에 언제든 십분 활용할 수 있다. 이것만으로도 우리 매장에서 일한 값을 충분히 뽑는 셈이다. 독립해서 매장을 오픈한다면 자신에게 맞춰서 조금씩만 바꾸면 자신의 매뉴얼을 만들 수 있다.

보통 다른 곳의 업무 매뉴얼이란 걸 보면 '몇 시에 문 열고 몇 시에 닫는다' 같은 것들이 적혀 있다. 그보다는 손님이 들어와서 나갈 때까지 이 업에 관련된 모든 과정을 내가 원하는 이상적인 응대방식으로 적어놓은 것이 매뉴얼이라 할 수 있다. 안경원은 직무 단계가 많아서 복잡하지만 보통의 업종은 많지 않을 수도 있다. 식당 장사라면 음식을 준비하는 단계가 있으니까 그것도 매뉴얼에 넣을 수 있다.

매뉴얼은 직원 교육용이나 학습용이 아니라 매장 운영을 일관성 있게 유지하기 위한 것이다. 오늘 내가 제공하는 상품이나 서비스는 어제와 내일이 똑같아야 한다. 이 사람에게 제공하는 것과 저 사람에게 제공하는 게 똑같아야 한다. **항상성을 유지하면서 고객에게 최상의 상품이나 서비스를 제공하는 것이 매장 운영 매뉴얼이 존재하는 이유다.**

매뉴얼을 만드는 이유 중 하나는 재현성이다. 똑같은 일을 했을 때 조건이 바뀌지 않으면 반드시 같은 결과물이 나와야 한다는 것이다. 예를 들면 국숫집에서 갈 때마다 맛이 다르면 곤란하다. 그런 것이 재현성이다. 직원이 바뀌더라도 궁극적으로 맛은 바뀌면 안 된다. 매뉴얼, 식당에서 레시피를 만들어야 하는 이유는 주방장이 바뀌더라도 일정한 맛이 유지돼야 하기 때문이다. 어떤 조건이 바뀌어도 지속적으로 같은 결과물이 나와야 한다는 것이 매뉴얼의 역할 중 하나다. 똑똑한 소비자의 지속적인 방문을 받으려면 재현성을 가지고 항상성을 유지해야 한다.

항상성 유지에서는 사장의 역할이 가장 중요하다. 사장만 있으면 다른 부분에서 항상성이 좀 떨어져도 커버가 된다. 사장이 매장에 상주하면서 모든 고객들과 인사했다면 다른 부분들이 달라져도 크게 느껴지지 않는다. 그런데 재현성은 사장과 상관이 없다. 보이지는 않지만 그 업의 기본적인 맛, 기술 등을 사장이든 직원이든 그대로 재현해야 한다. 안경알이 안 빠지는 것, 피팅하고 나면 눈이 안 불편한 것 등이 재현성인데, 그걸 매뉴얼을 통해서 실현하는 것이다.

사장의 능력이 탁월할수록 매뉴얼은 장사의 비법이어서 다른 경쟁업체와 차별화된 것들이 들어가 있을 것이다. 경험치와 지식이 얕을수록 매뉴얼에는 운용의 묘가 빠지면서 평범하고 무난한 서비스가 채워질 것이다. 그렇지만 인간은 누구나 발전하기 때문에 분명히 수정을 할 것이고 세월이 지날수록 고차원의 노하우가 들어갈 것이다. 만약 3년 전 매뉴얼, 5년 전 매뉴얼을 오늘도 쓰고 있다면 그건 문제가 있는 것이다. 매뉴얼은 주기적으로 업데이트되고 수정 보완이 반드시 돼야 한다. 시기는 정하지 않아도 되지만 오늘 느끼는 감상이 또 추가될 수 있다.

직원과 사장은
생각부터 다르다

 매장 운영 매뉴얼을 만드는 것도, 직원 교육을 하고 개인 면담을 하는 것도 모두 고객 응대를 하고 매출을 올리는 데 도움이 되기 위한 것이다. 장사에서는 고객 응대가 가장 중요한 '진짜 일'이라는 걸 교육시키지만, 순간 순간 직원들은 이 점에 대해 놓친다. 그래서 많은 사장들이 '직원은 직원이야'라는 생각을 하게 된다. 그만큼 직원과 사장은 생각부터 차이가 크다.

 서비스업에서는 고객이 들어와서 "저기요" 하고 부르면 이미 잘못된 것이다. 고객이 매장에 들어오는 동시에 내가 먼저 발견해야 된다. 고객이 문 열고 들어오기 전에 내가 먼저 고객을 보고 준비를 했느냐, 문 열고 들어오는 소리를 듣고 가느냐, 이 한 끗 차이가 승패를 가른다. 장사하는 사람은 다른 일을 하면서도 바깥에 집중하고 있어야 한다. 그게 고객 응대의 첫 번째다. 손님이 없을 때 잡일을 하고 있으면 그런 게 안 보이기 때문에, 손님이 들어왔는지 나갔는지도 모르고 수시로 놓친다. 그때마다 장사에서 일이란 무엇인지 수시로 얘기해줘야 한다.

직원들은 말하면 잘 이해하지만 자꾸 까먹고 조금만 지나면 귀찮아한다. 그래서 사장은 현장을 지켜야 하며 고객 응대에 대해서 자꾸 얘기해줘야 한다. 직원이 많은데도 아무도 안 쳐다봤다면 손님은 혼자 서 있다가 나가버릴 것이다. 특히 바쁜 시간대에 소외돼 있는 손님이 있으면 어찌 할 바를 몰라 어색하게 있다가 또 나간다. 그래서 직원이 한 손님만 대면하는 것이 아니라 두세 팀을 한꺼번에 케어할 수 있는 멀티태스킹을 갖추도록 훈련시켜야 한다.

"네가 이 매장의 주인이라면 어떻게 할래?"라는 역지사지의 질문은 꽤 효과가 있다. "대표님, 주인의 입장에서 어제 저녁 곰곰이 생각해봤는데 제가 제 자신을 봐도 참 답답했습니다"라고 말하는 직원도 있다. 그 마음을 간직하고 일하면 아직 주인은 아니지만 주인으로 살아갈 수 있다. 주인이 되는 상상으로 간접 경험을 함으로써 주인의 생각과 마인드를 가질 수 있도록 노력해볼 수 있다.

주인과 직원은 똑같은 상황에서도 보는 관점이 다르고 다른 해석을 한다. 내가 직원들과 함께 생활하면서 느낀 주인과 직원의 차이점을 다음 10가지 정도로 정리해 보았다.

- 주인의 시야로는 360도 회전할 수 있고 직원의 시야로는 눈앞만 보인다.
- 주인의 마인드는 몇 수를 내다보고 결과를 예측한다. 직원의 마인드는 지금 현재 일에만 집중한다.
- 주인은 고객의 기분을 파악하고 대처한다. 직원은 고객의 기분을 파악하지 않고 습관대로 매뉴얼대로 한다.
- 주인은 쉬면 피곤하고 일하면 편하다. 직원은 퇴근시간에서 1분만 지나면 짜증나고 힘든 표정이 나온다.
- 주인은 손님이 많고 매출이 많으면 기분이 업된다. 직원은 손님이 많고 매출이 많으면 힘들고 짜증난다.
- 주인은 종업원 눈치를 본다. 직원은 주인 눈치를 보지 않는다. 요즘의 현상이다.
- 주인은 작은 것도 절약하는 습관이 있다. 직원은 작은 것의 소중함을 모른다.
- 주인은 한 달이 빨리 지나간다. 돌아서면 월급날이다. 직원은 한 달이 길다. 또 언제 한 달을 기다리나 싶다.
- 주인은 일어날 수 있는 일을 준비하고 대비한다. 직원은 일이 일어나면 그제야 수습하고 대응한다.
- 주인은 고객과의 약속을 어떠한 경우에도 반드시 지킨다. 직원은 고객과의 약속을 경우에 따라서는 못 지킬 수 있다고 생각한다.

장사에서 일이란 무엇인가 ———

손님이 없어도 움직이고 있어야 한다

"손님 받는 것만 일이냐. 나머지도 일이잖아. 일 좀 해라." 손님이 없으면 직원에 따라 상황에 따라 이렇게 이야기할 때도 있다. 고객 응대는 일의 우선순위에서 최우선의 일이지만, 손님이 있든 없든 직원에게 일거리는 있어야 한다. 그걸 융통성 있게 잘 조율하는 것이 주인의 몫이다. 이게 안 되면 보통은 핸드폰만 들여다보고 있다. 일의 개념을 모르니까 그렇다.

재고정리 같은 단순 업무는 전혀 안 하려고 하는 직원이 가끔 있다. 오로지 자기 실적을 올리는 데에만 관심이 있는 것이다. 손님이 없으면 '나는 모르겠고'라는 태도로 일을 안 해버리거나 나가서 담배 피우고 있는 것이다. 때에 따라 이런 태도를 보이는 직원이 있는지도 잘 봐야 한다. 고객이 매장에 없는 시간에는 고객 만족과 매출을 올리기 위해서 보조적으로 해야 하는 일들을 정확하게 알려주고 그 일을 하게끔 정해줘야 한다.

이것은 매장편에서 나온 '매장은 동적이어야 한다'는 말과 연결된다. 직원들은 손님이 없을 때도 매장 밖에서 보면 뭔가 열심히 바쁘게 일하는 것으로 보여야 한다. 밖에서 지나가던 사람이 봤을 때 직원이 핸드폰만 들여다보고 있으면 그 매장은 매출이 자꾸 떨어진다. 정적인 매장은 장사가 잘 안 되는 집처럼 보여서 들어가기에 꺼려진다. 특히 유동인구가 많은 지역에서는 밖에서 봤을 때도 직원이 엄청 분주해 보여야 한다. 이 점은 특별히 신경써야 한다. **매장관리의 기본은 '움직임'이다.**

밖에서 길을 걷던 사람이 어떤 매장을 지나갈 때 "저래 가지고 어떻게 밥 먹고 살아? 손님 한 사람도 없는데 밥 먹고사는 거 보면 신기하네"라는 소리가 안 나오게 해야 한다. 소비자 심리는 손님들로 북적이거나 직원들이 바쁘게 움직이는 곳에 들어가고 싶다는 것이다. 반대로 텅 빈 곳은 들어가기 꺼려진다. 사람이 한 명이라도 있어야 들어가서 구경이라도 하고 싶을 것이다. 그게 대중 심리라서 어쩔 수 없다. 사장 혼자서 운영하는 1인 매장도 직원이 많은 대형 매장도 마찬가지로 뭔가 바쁘게 움직여야 한다.

그러면 직원들은 손님이 없어서 할 일이 없는데 뭘 하라는 거냐고 생각할 수 있다. 그러나 장사가 안 돼서 파리 날리는 곳으로 보이지 않으려면 일거리는 찾아서 해야 한다. 예를 들면 음식점이라면 숟가락, 젓가락을 한 번 더 닦는다든지 양념통을 점검한다든지 하는 것이다. 일이 없는 장삿집은 없다. 안 하려고 하면 끝까지 안 할 수 있지만 하려고 하면 하루종일 하는 것이 집안 살림인 것처럼, 장사하는 매장도 똑같다. 특히 손님이 계속 오는, 장사가 잘 되는 집에서는 일거리가 없을 수 없다. 만약 조용하고 장사가 안 되고 있다면 사장은 어떻게든 매장을 동적으로 만들도록 해야 한다. 일이 없더라도 수건을 폈다 접었다 계속 하든, 커피를 나눠 담았다 합했다 계속하든, 움직이는 매장으로 만들어야 한다. **직원들에게 일을 만들어주고 활기를 불어넣어 주는 게 사장이 해야 할 핵심이다.** 정적인 곳이 되는 순간 그 매장은 끝이다.

3분 요약 체크-Chapter.2 장사에서 일이란 무엇인가?

◎ 일의 개념부터 잡아라. 장사에서 일은 세 가지이다. 첫째, 고객 만족과 매출을 위한 업무, 둘째, 기술을 발휘해서 보조하는 단순 업무, 셋째는 잡일이다. 이 중 안경원의 경우 고객 응대나 세일즈야말로 진짜 일이다. 뒤에서 주문한 렌즈를 만들고 조제하는 것은 단순 업무이다. 단순 업무는 다른 사람에게 시키는 것이 가능하기 때문에 보너스를 더 많이 받아야 하는 쪽은 고객 응대를 하는 안경사다.

◎ 점장을 두면 관리하기 좋을까? 사장이 상주해 있고 부지런하다면 직급 체제를 안 만들어도 된다. 그러나 사장이 상주하지 않는다면 점장 정도는 있는 게 좋을 것이다. 대리인이 있어야 하기 때문인데, 이건 오너의 스타일에 따라 잘 고민해보면 될 것이다. 어느 쪽도 괜찮지만 과연 내가 매장을 어떻게 끌고 갈 것이냐에 따라서 결정은 달라진다.

◎ 직원의 실수를 미리 막을 수 있을까? 직원관리에는 방심이 있어서는 안 된다. 사장은 직원과 어느 정도 좋은 인간관계를 유지해야 하는 것이 맞다. 그렇지 않으면 자식을 방임하는 것처럼 직원도 방치하게 된다. 돈과 관련한 사고도 사장이 방심하고 있을 때 생기는 법이다. 사장이 할 수 있는 최소한의 노력이 사고를 미연에 방지할 수 있다.

◎ 어느 선까지 가르쳐줄 것인가? 대기업과 달리 장사하는 매장은 똑같이 가져가서 베끼는 게 비교적 쉽다. 도용했다는 걸 증명하기도 쉽지 않다. 그러나 어쩔 수 없는 부분이 있어도 최소한의 보안은 있어야 할 것이다. 업종마다 다르겠지만 핵심 기술은 가르쳐주지 않는 것이 이롭다.

◎ 고수만이 갖고 있는 1%. 노하우를 얻기 위해 고수를 찾아가 배울 동안 스스로 1%를 찾아야 한다. 고수마다 가지고 있는 1%는 여러 가지가 있을 텐데, 다른 사람에게는 없지만 그 사람에게만 있는 1%를 찾으려면 예리함을 갈고 닦아야 한다. 관심을 가지고 지켜보면서 저 고수가 가지고 있는 1%가 뭔지 예리하게 관찰하고 조사하면서 자꾸 질문을 던지다 보면 그 사람이 말하는 중에, 은연중에 노하우가 나오게 된다.

◎ 장사에서 권한 이양은 하지 않는다. 회사와 달리 장사에서는 중요한 건 권한 이양을 하지 않는 것이 기본 원칙이다. 물건 사입이라든지 거래처 관리라든지 회계와 금전적인 부분은 절대 맡겨서는 안 된다. 직원을 가족처럼 생각하고 잘해 주라는 말도 있지만, 장사하는 매장에서 직원은 '언젠가는 떠날 사람'이라는 걸 생각해야 한다.

◎ 잔소리보다 매장 운영 매뉴얼. 매뉴얼을 쓸 때는 직원들 입장에서 쓰면 안 된다. 매뉴얼은 직원들을 위한 것이 아니라 사장이 그 매장을 운영하면서 필요한 것들이다. 나는 이 업에 대해서 이런 생각을 하고 이렇게 고객을 대하니까 직원들도 사장처럼 똑같이 해주길 원한다는 의미에서 직원에게 매뉴얼을 공개하는 것이다. 나의 철학과 기준과 원칙을 공개하는 것이기 때문에 매뉴얼대로만 하면 사장이 화낼 일도 없고 직원과 싸울 일도 없다.

◎ 직원과 사장은 생각부터 다르다. 매장 운영 매뉴얼을 만드는 것도, 직원 교육을 하고 개인 면담을 하는 것도 모두 고객 응대를 하고 매출을 올리는 데 도움이 되기 위한 것이다. 장사에서는 고객 응대가 가장 중요한 '진짜 일'이라는 걸 교육시키지만, 순간 순간 직원들은 이 점에 대해 놓친다. 그래서 많은 사장들이 '직원은 직원이야'라는 생각을 하게 된다. 그만큼 직원과 사장은 생각부터 차이가 크다

내가 심은 나무는
가지치기를 잘해야 오래간다

The tree I planted live a long time
when it is well pruned.

Chapter.3

직원이 주인처럼
일할 수 있을까

'직원'이란 고객의 소리를 듣는 사람

직원의 교육 훈련, 사장과 직원의 관계성을 다루려면 '직원을 교육한다'는 것이 무엇인지부터 생각해봐야 한다. 직원이란 말을 먼저 풀어보면 개념을 잡을 수 있다. 사회적으로 '직원'이라고 하면 그냥 '일하는 사람' 정도로 통용된다. 통상적으로 사장은 자기 밑에 있는 사람을 직원이라고 부른다.

한자로는 '職員(직원)'이다. '職(직)'은 '耳(귀 이)'와 '音(소리음)'과 '戈(창 과)'의 합이다. 풀어보면 '소리를 듣고 무기로 싸운다'라는 뜻이다. 고대에는 전쟁 상황에 빗대어 이야기했기 때문에 창이 나왔지만, 현대적으로 해석하면 '소리를 듣고 기록한다'라고도 한다. 소리를 듣고 싸운다는 것은 소매점으로 따지면 고객의 소리를 듣고 싸운다는 것인데, 물리적으로 싸우는 것이 아니고 고

직원이 주인처럼 일할 수 있을까 ────

객과 흥정을 하고 서로 딜을 주고받는 것으로 해석할 수 있다. 고객의 생각과 내 생각을 서로 주고받으며 맞춰가는 것이다.

'員(원)'은 '口(입 구)'와 '貝(조개 패)'로 이뤄져 있다. 이것은 생계를 의미한다. 옛날에는 조개가 돈이었기 때문에 먹고살기 위해 돈을 버는 것이라고 할 수 있다. 결국 **고객의 소리를 듣고 고객의 마음을 읽어서 흥정을 함으로써 먹고살기 위해서 돈을 버는 사람이 직원이다. 달리 말하면 직원은 돈을 벌어다주는 사람이다.**

여기서 화두는 '고객의 소리를 듣는 것'이다. 결국 직원에게 잘 해줘야 하는 이유는 고객의 소리를 잘 듣게 하기 위한 것이다. 고객과 사장 사이에 직원이 매개체로서 존재하며, 돈을 벌어다주는 사람이 직원이기 때문에 직원을 잘 써야 한다. 사람을 잘 못 쓰면 돈을 못 벌기 때문에 직원을 잘 둬야 하는 것이다.

주인이 아니니까 주인정신이 없다

직원에게 주인정신을 가지라는 말을 하는 경우가 많다. 그런데 직원들 입장에서는 '내가 주인이 아닌데 왜 주인정신을 가져야 하지?' 하고 생각할 수 있다. 앞뒤가 안 맞는다고 생각하는 직원에게 주인정신을 가지라고 말할 수는 없다. 그렇다면 직원은 왜 주인정신을 가져야 할까?

주인이란 단어는 한자로는 '主人(주인)'이라고 쓴다. '主(주)'는 불이 있는 호롱을 본따서 만든 글자다. 위에 찍는 점이 불인데 밑에는 그걸 놓는 단상이다. 이 불은 꺼지면 안 되는 것으로, 불을 지키는 사람들이 주인이다. '人(인)'은 혼자 살 수 없고 서로 의지해야 살 수 있다는 걸 표현하는 글자다. 착한 사람, 나쁜 사람, 강한 사람, 약한 사람이 서로 어울려서 살아가라는 것이다.

매장에는 사실 두 명의 주인이 있다. 人(인)의 왼쪽은 큰 주인, 오른쪽은 작은 주인이다. 이 둘이 호흡이 맞지 않으면 균형은 무너지고 불이 꺼진다. 매장에는 불이 꺼지면 안 된다. 불을 지키는 두 주인은 사장과 직원이다. 이 두 사람이 어떻게든 화합해서 불이 꺼지지 않도록 잘 해야 한다. 큰 주인은 사장이고 작은 주인은 직원이다. 직원은 큰 주인만큼 주인정신이 있는 건 아니더라도 불이 안 꺼지게 잘 지켜야 하는 작은 주인이다. 직원이 불이 꺼지지 않도록 작은 주인으로서의 주인정신을 발휘하지 않으면 매장은 망한다. 그래서 사장은 직원에게 너도 주인이라는 교육을 시켜줘야 한다.

사장은 사장대로, 직원은 직원대로 그 매장의 불이 꺼지지 않도록 지켜야 한다. 둘이 얼마나 협심을 잘하느냐에 따라서 불이 계속 탈 것인지 꺼질 것인지 결정된다. 큰 주인이 힘들면 작은 주인이 도와주고 작은 주인이 잘못하면 큰 주인이 커버하면서 유지해가야 한다. 그런데 큰 주인이 너무 기대서 작은 주인에게 다 맡기면 넘어져버린다. 매장이 무너지지 않으려면 두 주인은 서로 컨트롤을 해줘야 한다. "너도 주인이다. 종업원이 아니고 이 가게를 지키는 작은 주인인데, 작은 주인으로서 어느 정도는 기본적으로 일을 해줘야 하지 않겠니?" 이게 내가 직원들에게 이야기하는 주인정신의 개념이다.

10명의 직원보다 한 명의 사장이 낫다

이렇게 주인정신을 심어주려고 해도 내 마음 같지는 않을 것이다. 그럴 때 직원 때문에 너무 마음 아파하지 말 것이며, 직원한테 너무 섭섭함을 투영하지 않아야 한다. 직원은 매장 운영을 나처럼 생각하지 않는다. 내 식구라고 해서 너무 마음 주지 말고, 잘한다고 예뻐하다가 상처받지 말라는 말이다. 직원이 주인의식이 없으면 어쩔 수 없다고 생각하고 내가 하면 된다. 그러면 잘해줬던 직원이 내 마음을 몰라줘도, 설사 배신을 했더라도 내 마음은 덜 섭섭하다. '섭섭한 건 내 욕심이야. 사람이 다 그렇지' 하면 마음이 편하다.

직원이 알아서 잘할 거라고 생각하는 건 착각이다. 직원은 시키는 것만 한다. 아니, 시대가 바뀌어서 요즘은 시키는 거나 잘했으면 좋겠다는 사장들이 많다. '알아서 하겠지'라고 생각하지 말고 그냥 적시적소에 말로 직접 시키는 것이 낫다. 알아서 하는 건 바라지도 않으니까 시키는 거라도 제대로 한다면 고맙다.

사장의 눈치를 보고 바라는 것을 예측해서 사장이 말을 안 해도 미리 일을 해놓는 직원은 거의 없다. "내가 하라고 하는 것만 좀 해줘” 하는데도 그게 안 되는 게 문제다. 왜 알아서 제대로 안 하냐는 건 혼자만의 생각이다. 그렇게 생각하면 점점 직원이 보기 싫어진다. 직원은 원래 시키는 것만 하니까 어떻게든 시키는 걸 잘 하도록 체크하면 된다. 그게 가장 효과적이다.

사장의 디테일과 예민함은 직원이 따라가지 못하는 법이다. 구석에 거미줄이 있어도 사장의 눈에는 보이는데 10명의 직원한테는 그게 안 보인다. “10명의 직원보다 한 명의 사장이 낫다”는 말은 사장이 열 사람 몫을 한다는 얘기가 아니다. 사장은 눈이 10개라서 시야가 넓고 한 바퀴만 돌아도 구석구석 다 보인다는 뜻이다. 사장이 이런 디테일함을 못 갖추면 매출 곡선이 우상향으로 성장을 못한다.

물론 디테일이 없어도 기본적으로 매장의 목이 좋고 자금이 있으면 장사를 할 수는 있다. 그러나 디테일과 예민함을 사장이 갖고 있느냐에 따라서 고객 만족도가 달라진다. 매장의 가치, 직원의 가치, 제품의 가치가 달라진다. 아주 작은 한끗 차이를 볼 수 있는 사장이 오래 장사할 수 있다.

“주인이 앞을 못 보는 맹인이어도, 그래도 주인 1명이 앞을 보는 직원 10명보다 낫다”는 말이 있다. 사장은 눈을 감고 있어도 예민함으로 서비스 마인드를 다 느낀다. 앞을 못 보면 필요 없는 주인일 것 같지만, 그런 주인이 매장에 있을 때는 예민함이 작동한다. 그만큼 주인의 역량은 크다.

직원이 주인처럼 일할 수 있을까 ───────

동기부여를 높이는 청찬과 당근

마이클 하얏트가 쓴 『초생산성』이라는 책에는 초콜릿 공장 실험이 나온다. 공장 안에서 컨베이어 벨트 위의 초콜릿을 더 빨리 더 많은 양을 처리하도록 독려하는 생산성 실험이었다. 여기서 보상의 개념이 중요하게 대두된다. 보통은 3시간 안에 초콜릿 100개를 처리한다고 해보자. 생산성 향상을 독려해 2시간 안에 100개를 끝내고 시간을 벌었다. 그 다음 무슨 일이 벌어졌을까? 회사는 "초콜릿 더 가져와"를 외쳤다.

근로자 입장에서 보면 열심히 일했는데 일만 더 많이 주더라는 상황이 된 것이다. 이 실험에서 그 다음 직원들이 한 행동은 초콜릿을 몰래 먹어서 없애버리는 것이었다. 굳이 일을 더 열심히 해야 할 이유가 없었기 때문이다.

열심히 일한 결과 얻어낸 실적을 사장 혼자 가져가기 위해서 생산성을 높이는 것이면 열심히 일할 직원은 없을 것이다. **지금은 보상 개념을 확실히 정립해야 하는 시대가 되었다.** 시키는 대로 열심히 생산성을 높여놨는데 자신에게 오는 결괏값은 똑같다면 당연히 일을 안 하기 위해 잔꾀를 부릴 것이다.

직원들의 생산성을 계속 유지하려면 10%라도, 5%라도 보상이 돌아가야 한다. '나한테도 이득이 되는구나' 하는 경험이 있어야 계속해서 일을 열심히 할 수 있다. 사람은 다 똑같다. 아무리 좋은 시스템이나 명분이 있어도 자신에게 이득이 없는데 굳이 일을 열심히 할 필요는 없다. 시간적으로든 금전적으로든 보상으로 뭔가 혜택이 주어졌을 때 직원들은 움직일 것이다.

만약 3시간 만에 끝날 일인데 "이거 빨리 하면 집에 일찍 가도 돼" 하면 진짜 열심히 해서 2시간도 안 돼 끝낼 수 있다. 그냥 하라고 하면 느긋하게, 표시 안 날 정도로 요령 부리면서 할 일도 보상이 있으면 시간을 단축시킨다. 공사장에서 벽돌 쌓는 단순한 일도 "언제까지 완료하면 얼마 줄게" 하고 보상을 걸면 진짜 비약적으로 속도가 빨라진다.

측정할 수 있는 기준이 명확하게 있다면 보상은 좋은 효과를 낸다. 장사는 무조건 정해진 시간까지 문을 열어놔야 하는 경우가 많지만, 빨리 하고 일찍 가도 되는 일이 있다면 시간이라는 보상을 거는 것도 좋은 일이다. 일찍 가면 심지어 전기세까지 아낄 수 있

직원이 주인처럼 일할 수 있을까 ───

다.

칭찬은 약이면서 독이다

"고래도 칭찬하면 춤춘다고 했는데 칭찬을 너무 안 하시네요. 제가 잘하는 것도 있잖아요." 한 직원이 어느 날 이렇게 말했다. 나는 칭찬을 잘 안 하는 것처럼 보이는데, 사실은 사람에 따라 다른 것이다. 어떤 직원에게는 칭찬을 잘못하면 버릇이 없어진다. '나는 잘하는가 보다' 하는 자만심이 충만해 우쭐하다가 일을 그르치는 경우가 있다. 일반적으로 직원관리를 말할 때 칭찬을 자주 하라고 하지만 사람에 따라 현실에서는 독이 되기도 한다.

칭찬, 격려, 질책 같은 것들은 융통성이 필요하다. 모든 상황에 적용되는 칭찬 같은 건 사실 없다. 칭찬은 직원의 성향에 따라 달라야 한다. 부드럽고 약한 사람과 강한 사람에게는 달리 적용해 줘야 한다. 둘 다 똑같이 해주면 효과가 없다. 부드럽고 약한 사람에게는 칭찬으로 용기를 주면서 심지를 세워줘야 한다. 그런데 강한 사람은 가라앉혀 주는 것이 필요하다. 잘해도 당연한 듯이 놔둔다. 그래서 오너는 사람을 볼 줄 알아야 한다.

칭찬과 마찬가지로 질책도 해야 하는 사람이 있고 안 해야 하는 사람이 있다. 이 직원은 스스로 반성하면서 자신을 업그레이드시켜 간다고 생각하면 차라리 질책을 안 하는 게 맞다. 시간이 걸리지만 스스로 방법을 찾아간다. 그게 아닌 직원은 지적을 해주고 사장의 뜻에 따라 바뀌도록 유도해야 한다.

칭찬이나 질책을 동기부여 수단으로 쓰려면 사장은 직원들 각 개인을 먼저 파악해야 한다. 장점이든 단점이든 말을 잘 해야 한다. 기질이 뜨는 사람은 눌러주는 것을 중점으로 하고, 가라앉고 처져 있는 사람은 띄워줘야 한다. 이때 조심해야 할 것은 다른 직원들한테는 절대 표시를 내면 안 된다는 점이다. 일대일로 은밀히 하고, 칭찬을 하더라도 자주 하는 건 조심해야 한다. 잘못하면 다른 직원이 보기에는 편애하는 것으로 보인다. 칭찬을 남발하면 오해가 되는데, 특히 여직원한테는 "잘한다" 하는 말이 '저 사장은 여자만 좋아해' 하는 오해로 돌아온다. '저 직원은 그냥 만사 통과야. 나만 미워해'라고 생각할 수 있다. 아무리 객관적으로 잘 하니까 잘 한다고 말한 것이어도, 심각한 상황에 잘못을 지적한 것이어도 오해와 부작용으로 돌아오는 경우가 있다.

질책도 마찬가지로 너무 자주 하는 건 조심해야 한다. 다른 직원이 보기에는 "아무리 그래도 인간적으로 너무한 거 아냐? 사람을 쪼아도 어떻게 저렇게 쪼냐? 적당히 좀 하지"라는 말이 돌기도 한다. 진짜 잘못을 해서 지적하는데 사장만 욕을 먹는 것이다. 그래서 동정심이라는 부작용이 작동하지 않도록 운영의 묘미가 있어야 한다. **질책은 사람의 자존심을 안 건드리면서 해야 되고, 명분이 있어야 한다.** 내 감정에 따라 질책하는 것이 아니라 객관적인 기준과 명분에 따라서 그 사람이 행동을 교정할 수 있는 방향으로 유도해야 한다. 그냥 내 기준으로 내 기분에 따라 잘못됐다고 하면 혼돈이 된다. 직원은 속으로 '너나 잘해라'라고 생각할 수 있다. 사장이 질책했을 때 전혀 토를 못 달 정도의 명분을 들어 말해야 한다.

질책을 하는 데 뒤따라야 할 것은 사장이 완벽해야 한다는 것이다. 그렇지 않으면 질책에 단점을 지적당한 직원은 반항심이 생긴다. 아이를 키우는 부모와 똑같다. 부모가 매일 술 먹고 놀러 다니면서 "공부해야지. 책은 왜 안 읽어?" 하면 '아버지도 똑바로 못 하면서' 이렇게 생각한다. 윗사람이 하는 말은 앞뒤가 맞아야 말이 씨가 먹힌다. 직원 교육은 자식 교육만큼이나 어렵다.

평가 기준은 매출만이 아니라 고객만족도

결괏값을 높이기 위해 흔히 당근과 채찍을 적절히 사용하라는 말을 하는데, 장사에서는 채찍을 쓰지 못한다. 회사와는 달라서 소규모 매장에서 개인에게 벌칙을 가하면 자존심 상해서 이탈이 발생한다. 당근을 잘 활용하는 수밖에 없는데, 여기에 대해서는 그동안 여러 가지 방법을 써봤지만 **개별적으로 주는 것보다 지금은 전체적으로 지급하는 방법으로 하고 있다.**

잘하는 사람 개인에게 보상을 주면, 결과적으로 항상 타는 사람만 타게 된다. 기준을 매출로 잡든 다른 것으로 하든 1등을 했던 사람이 계속 1등을 하는 현상이 두드러진다. 그러면 결국 타는 사람만 계속 타기 때문에 다른 직원들에게는 동기부여가 되지 못한다. 당근은 전체적인 분위기를 업시키기 위한 것인데 몇 번 지나면, '해도 안 되는데 뭐 하러 해'라고 생각해서 움직이지 않는다. 오히려 마이너스가 되는 것이다. 여러 사람이 탈 수 있게 하려면 기준을 수시로 바꾸는 수밖에 없는데 나중에는 명분을 부여하기가 힘겨워진다.

한 사람에게 몰아서 주는 것보다는 전체적으로 조금씩 나눠주는 것이 낫다. "오늘은 매출이 너무 많아서 마감을 늦게까지 했으니까 보너스를 지급한다." 이런 식으로 스토리를 만들어서 포상하는 것이다. 전체적으로 보상을 줄 때는 생색내면서 조금씩 주는 것이 좋다. 열심히 하라고 주는 것이기 때문에 한꺼번에 많이 주는 건 효율이 떨어진다. 그리고 **혹시라도 개인에게 당근을 줄 일이 있을 때는 다른 직원들이 모르게 줘야 한다.**

전체적으로 보너스를 준다고 해도 성과에 따른 보너스는 차등 지급할 수가 있다. 그런데 매장에서는 평가 기준을 잡기가 어렵다는 문제가 있다. 매출이 많은 사람을 높게 평가하는 것으로 하면 고객 응대에서 직원 개인의 욕심이 들어간다. 과잉매출을 올리기 위해 몰두해 고객 만족의 질이 떨어질 수 있다. 그러면 어떤 직원이 능력 있는 직원일까?

고객 만족을 최우선으로 한다면 사실은 재방문율이 높은 직원이 능력 있는 직원이다. 1회에 매출을 몰아서 올리는 게 아니라 응대한 고객이 다시 방문한다면 그것이 능력이다. 그 여건을 만드는 것이 사장이 해야 할 일이다. 사장이 없는 상태에서 직원들이 매출을 몰아서 올리는 데 집중한다면 나중에 그 매장은 쫄딱 말아먹는다. 그래서 사장은 항상성을 지키기 위해 능력 있는 직원을 키워야 한다. 만약 사장이 빠지고 능력 있는 직원을 채운다면 회사가 아닌 매장에서 그 직원은 독이 될 수 있다.

학원 강사들도 '재수강률 90%' 이런 슬로건을 달 수 있는 사람이 진짜 실력자다. 헤어샵도 단일 매출보다 재방문율이 특히 중요한 업종이다. 다시 안 온다는 얘기는 믿음을 못 주었거나 불신할 만한 행동을 한 것이다. 집에 가서 생각해 보니 바가지 썼다고 생각하거나 생각보다 좋은 상품이 아니라고 여겨지면 다시 오지 않을 것이다.

이건 낚시하는 어부와 같은 마음이라고 할 수 있다. 물고기를 지금 한꺼번에 다 잡아먹지 않고 작은 물고기는 일부러 보내준다. 고객 응대의 태도는 재방문을 항상 염두에 두고 있어야 한다. 멀리 보는 게 아니라 잠시 있다가 떠날 생각을 한다면, '내가 있을 동안에 최대한 매출을 다 당기고 나갈래' 하는 마음일 것이다. 직원이 재방문을 기준으로 응대한다는 건 계속 이곳에서 근무할 것을 염두에 두는 것이다.

오래 근속할 직원이라면 재방문을 유도하기 위해 자신의 태도를 점검할 것이다. 그러나 1, 2년 잠시 있다가 갈 생각이라면 내 맘대로 해버리고 뒷일은 신경쓰지 않을 것이다. 그에 따르는 불만이나 사고는 나머지 사람이 수습해야 된다. **가장 중요한 것은 고객 만족이며 그 다음이 매출이다.** 고객을 돈으로만 보고 매출 향상에 매달리는지, 돈보다 고객 만족을 우선으로 하면서 매출도 챙기는지, 두 부류의 직원을 볼 수 있을 것이다. 사실 잘하는 직원은 두 마리 토끼를 다 잡는다. 둘 중 한쪽을 선택하라면 매출이 좀 부족하더라도 고객 만족이 우선이 돼야 한다.

물론 고객 만족과 매출 향상의 밸런스 유지는 어려운 일이다. 둘 사이의 줄타기는 정말 힘들어서 한쪽을 포기하고 다른 한쪽을 택하라고 하면 편할 것이다. 직원이야 매출 우선으로 하면 편하게 일할 수 있겠지만, 나는 매출도 올려야 하고 고객만족도 채워야 한다고 가르친다. 우리 매장의 직원들이 힘들다고 하소연하는 것도 무리는 아니다. 그러나 그것이야말로 장사를 진짜 제대로 배우는 것이다. 매출만 목표로 하면 쉬울지 몰라도 다음이 없다. 내가 가르치는 장사는 오랫동안 잘 버는 상태를 지속하는 장사다.

이 책을 완성해가면서 원고를 보여준 사람들이 있는데, 어렵다는 이야기를 하는 사람들이 많았다. '매출을 올리려면 이렇게 하라'가 아니라 고객 만족과 매출을 다 신경써야 한다고 하니까 어렵다고 느꼈을 것이다. 보통의 센스와 보통의 감각을 뛰어넘지 않으면 두 마리 토끼를 잡는 건 어려운 일이다. 그런 면에서 보면 장사는 사업보다 더 어렵다.

사업은 보이지 않는 고객을 대상으로 한다. 그런데 장사는 내 앞에 있는 고객을 만족시켜야 한다. 사업은 불특정 다수의 대중 심리를 만족시키면 성공할 수 있다. 그런데 장사의 성공은 오늘 대면하는 그 고객을 만족시켜야 한다. 기업은 그물을 확 던져서 확률을 높이는 것이기 때문에 상대적으로 쉬운 것이다. 그런데 장사는 낚싯대로 한 마리 한 마리 건져올려야 한다. 그물을 던지면 재수 좋으면 물고기가 왕창 잡히지만, 낚시는 그런 것 없이 매일 물고기를 낚아야 한다. 물고기를 모이게 하려면 밑밥도 잘 만들어야 하고 준비도 어렵다. 그러니까 장사가 힘든 것이다. 매일 한 마리씩 고기를 낚는 기분으로 정성을 다해야 한다.

적은 인원으로
생산성을 높이는 급여 체계

직원을 움직이는 가장 큰 보상은 월급이다. 생산성을 높이는 시스템적인 접근으로 월급을 생각해봐야 하지 않을까 하는 생각에 나는 여러모로 연구를 해봤다.

예전에는 월급에 대한 사회적으로 보편타당한 기준이 있었다. 초봉은 얼마부터 시작해서 3개월이 지나면 10만 원을 올려주고 또 3개월이 지나면 10만 원을 올려주는 식으로, 보이지 않는 사회의 룰이 있었다. 지금도 그게 있긴 한데, 가장 눈에 띄게 다른 점은 최저임금이 많이 올라갔다는 것이다. 내가 직원이던 시대에는 주인이 당연히 돈을 더 많이 벌어야 된다고 생각했다. 지금은 세상이 달라져서 직원들이 '내가 일을 더 많이 하는데 왜 주인이 돈을 더 많이 벌어야 돼?'라고 생각한다. 불공정하다는 것이다.

최저임금이 오르면서 사회적으로 통용되던 연차의 개념이 깨지고 있다. 예를 들어, 초봉 안경사의 월급을 200만 원 넘게 줘야 할 때 30년 된 프로 안경사 월급은 350만 원, 많이 받아야 400만 원이다. 현재 개인 영세업자가 줄 수 있는 월급의 마지노선이 그 정도다. 예전에는 초봉과 프로가 최소한 3, 4배 차이가 났지만, 지금은 2배도 안 된다. 더군다나 딱 최저임금으로 초봉 200만 원만 주면 신입 직원은 오지도 않는다. **경험있는 숙련자와 제대로 할 줄 모르는 초보자의 차이가 무너진 것이다.** '그거 받고 굳이 일해야 돼? 안 벌고 말지'라고 생각한다. 그러면 어떻게 해야 할까? 나는 바뀌어가는 시대에 맞춰 방법을 강구했다.

장사에서는 매출을 측정하는 나름대로의 기준이 시대별로 있었다. 저 집의 매출이 얼마나 될까 하는 정확한 수치는 주인밖에 모르지만, 직원 수를 보고 추측할 수 있다. 근무하는 직원이 몇 명인지 보고 매출을 대충 가늠해보는 것이다. 안경원의 경우 예전에는 1인당 1천만 원으로 매출을 추측했다. 직원이 3명이라면 사장까지 포함하면 4천만~5천만 원의 매출이 나올 것이라고 예상하는 것이다. 그런데 20~30년 전에 통용되었던 이런 룰이 앞으로도 적용될 수 있을까 생각하면 그건 아니었다. 아직까지도 이런 개념을 갖고 있는 오너들이 많지만 생각을 바꿔야 했다.

장사하는 집에서 직원 월급으로 측정할 수 있는 총 금액은 한계가 있는데, 초봉이 올라가니까 경력 직원은 월급을 못 올려주고 설 자리가 없어진다. '30년 일했는데 이것밖에 못 받아?' 하는 상황이 된다. 일도 제대로 못 하는 사람이 200만 원을 받는데 프로로 일하는 사람이 많이 못 받으면 침울해진다. 거기다 초짜 직원이 못하는 부분까지 커버하면서 일해야 한다. 나이도 많고 경력도 많고 기술도 뛰어난 사람에게는 또 불공평한 상황이다. 이걸 사장이 공정해지도록 월급 시스템을 바꿀 수 있어야 했다.

높아지는 월급 때문에 유지가 안 된다고 생각해서 사람을 못 쓰면 장사는 1인 경영이나 가족경영으로 바뀔 것이라는 전망도 가능하다. 직원을 써서 인력으로 장사하는 방식은 점점 경쟁력이 떨어질 것이다. 그렇다고 가족경영이 잘 되리라는 보장도 없다. 가족이라 오히려 마음대로 하려는 경향이 생길 수 있는데 그걸 제어하지 못하면 통제가 안 돼서 함께 망해버린다.

직원이 작은 주인이 되면 월급을 더 줘야 한다

1인 매장으로 혼자 하는 건 한계가 있고 큰돈은 못 번다. 돈을 벌고 싶다면 매장을 크게 해야 한다. 또 나처럼 대형 매장을 하면서 직원을 안 쓸 수는 없다. 그러면 대체 어떻게 해야 할까?

지금은 일할 사람도 없고 직원을 많이 쓸 수는 없지만 성장은 지속해야 한다. 이 상황에서는 사장도 마인드가 바뀌어야 한다. 직원 역시 마인드를 바꿀 수 있도록 유도해줘야 한다. 사회가 아

직원이 주인처럼 일할 수 있을까 ———

무리 직원들에게 최저임금을 지켜줘도 노비 마인드로 일을 하면 인생은 크게 달라지지 않는다는 사실을 알려줘야 한다.

우선 서로에 대한 개념부터 명확히 해야 한다. 사장이 큰 주인이라면, 직원은 작은 주인이 돼야 한다. 이제는 직원을 작은 주인으로 승격시켜야 일을 열심히 할 동기부여가 될 것이다. 대신 직원일 때 주는 월급과 작은 주인일 때 주는 월급은 같으면 안 된다. 큰 주인만큼은 아니더라도 **직원과는 차원이 다르게 많이 줘야 한다.** 이제는 직원을 나와 함께 먹고사는 동반자로 생각해야 한다. 그랬을 때 사장, 직원, 매장이 함께 성장할 수 있다.

예전에는 매출 대비 임금비라는 게 있었다. 안경원에서는 매출의 10%가 임금이라고 잡았다. 예전에는 월급이 감당할 수 있는 수준이었으니까 신입을 몇 명 쓰고 경력 상중하를 맞추면 매출의 10%만 써도 매장이 돌아갔다. 그런데 시대가 달라지고 지금은 임금이 매출의 15% 정도에 육박하지만, 이걸로도 직원이 동기부여를 느끼기에는 약하다. **그래서 내가 생각한 건 매출의 15~20%를 임금으로 책정하는 것이었다.** 매출 예측치도 예전에는 1인당 1천만 원이었지만 2천만 원으로 올렸다. 적은 인원이 더 많은 매출을 내야 한다는 뜻이다. 대신 더 많은 월급을 가져갈 수 있다.

3년간의 적응 기간이 지난 결과 우리 매장에서는 초보 안경사가 200만 원 월급이라면 최소한 100만 원은 더 보너스로 받아가게 되었다. 경력직 직원은 월급이 350만 원이라면 130만~150만 원 정도는 더 받아간다. 사장 입장에서 매출 대비 5%를 임금으로 더 책정한다는 건 큰 부담이지만, 직원이 작은 주인이라고 생각하면 타당하다. **이제 잔소리를 훨씬 줄이고도 매달 받아가는 금액을 유지하기 위해서 직원들은 더 열심히 일하게 됐다.**

이렇게 바꾸고 나니까 우리 매장에서는 예전보다 월급이 1천만 원은 더 나간다. 그걸 직원 7명이 나눠가지는 것이다. 직원으로서 받을 수 없는 월급을 가져가게 되자 처음엔 직원들이 다들 놀랐다. 다른 안경원에 근무하는 안경사 친구들보다 훨씬 많이 받게 되자 직원들도 생각이 바뀌는 눈치다. '우리 사장님은 진짜로 직원을 주인처럼 대하네'라고 생각해서 이제는 주인 의식을 심어줄 수 있다. 작은 주인 의식이다.

여기서 포인트는 작은 주인으로서 교육을 먼저 시키는 게 아니라 월급을 더 주는 게 먼저였다는 것이다. 월급을 이렇게 먼저 받아들고 나야 작은 주인 교육이 먹힌다. 앞으로는 이런 노력이 아니면 매출 향상은 힘들 것이라 생각했다. 예전처럼 '열심히 하면 더 줄게' 하는 방식으로는 먹히지 않는다. 직원이 내가 원하는 시스템대로 일하게 하려면 결국엔 사장이 임금 구조를 어떻게 바꾸느냐가 관건이라고 보았다. 그 결과 전체적으로 월급을 더 주면서도 초보 직원보다 경력 직원이 결과적으로 보너스를 더 많이 받아가기 때문에 경력 직원들까지 만족시키게 되었다.

직원이 주인처럼 일할 수 있을까 ──────

그전에 인센티브 제도도 써본 적 있지만 고객에게 마이너스가 돼서 부작용이 훨씬 많았다. 욕심으로 구매를 밀어붙이는 과잉매출 현상이 나타났기 때문이다. 직원들끼리 과열경쟁으로 팀워크까지 깨졌다. 차라리 고객을 위하고 매장을 위한다면 월급을 더 써야 맞다. 월급 체계를 획기적으로 바꿔서 직원들이 작은 주인으로서 충실히 일할 수 있는 여건을 만들어주고 매장을 같이 먹고사는 터전으로 바꿔주는 것이다.

나눠갖든가 혼자 하든가

옛날에는 기껏해야 20만 원 정도 가끔 떡값으로 주는 것이 보너스였다. 그전엔 그것만 줘도 좋아했지만 지금은 그렇게 준다고 좋아하지 않는다. 급여 체계를 바꾸고 나니까 보이는 것들이 있다. 호경기도 아닌데 직원들이 굳이 독립해서 새로 오픈할 생각을 별로 안 한다는 점이다. 결국엔 여기서 소속감을 가지고 오래 일할 여건이 마련되는 것이다.

이젠 직원들의 급여가 올라가니까 매출도 오르는 선순환이 만들어졌다. 예전에는 직원 수를 늘려서 양적으로 커버했다면 지금은 일의 효율을 올려주는 생산성이 관건이다. 직원 수를 줄이더라도 한 사람이 고객을 더 많이 접객하면서 실력을 발휘해야 하기 때문에, 그에 따른 이익을 직원에게 주는 것이기도 하다. 사장도 직원도 만족하는 구조로 자리잡으려면 안경원으로

치면 직원 1인당 매출은 2천만 원까지 올려줘야 한다. 그러려면 직원은 멀티태스킹이 돼야 하고 거기에 맞는 직원 교육을 시켜야 한다.

요새 직원들은 일을 많이 안 하려고 하지만 이렇게 월급 체계를 바꾸면 일을 한다. 조금 더 주는 수준에서는 움직이지 않지만 획기적인 보상을 경험한 직원들은 올라간 매출을 지속시켜 준다.

나이도 있고 경력이 많은 직원의 경우 380만 원 월급에 보너스 130만 원 이상이면 월 수령액은 500만 원이 넘는다. 웬만한 매장의 사장들도 수익으로 500만 원 이상 가져가지 못하는 사람이 많다. 힘들게 머리 쓰고 몸 쓰고 재룟값에 인건비 빼고 세금 내고 나면 500만 원 이상 못 버는 사장들이 많다. 그건 직원들도 알기 때문에 굳이 자기 매장을 오픈하려고 목맬 필요가 없다. '굳이 스트레스 받아가면서 왜 오픈해야 돼?'라는 흐름이 된다. **그 결과 이직률이 낮아지고 직원은 일도 더 잘할 것이다.**

3~4년 차 직원 한 명은 장사를 진짜 잘 하고 있는데, 저번엔 실수령액으로 두 달 연속 450만 원을 받아간 적이 있다. 나이는 겨우 스물여덟이다. 그렇게 되면 그 직원은 다른 안경원은 가기 어렵다. 박리다매 중심의 매장일 때는 직원들이 3년 근무하고 나면 다른 곳으로 보내곤 했지만, 이제는 고가 위주로 구조가 바뀌었으니까 그렇게 하지 않아도 된다. 잠깐 일하다가 쉽게 나갈

것 같은 직원이라면 그렇게 작은 주인의 임금을 챙겨줄 필요가 없다. 이제는 매장을 오픈하게 돼서 나가는 경우가 아니면 직원 퇴사로 인력이 부족할 걱정은 상대적으로 적어졌다.

지금은 바뀐 경영 방식으로 좋은 결과가 나오고 있어서 '이게 맞구나' 확신하고 있다. 매출 상승으로 더 벌어들인 돈을 내가 가져가지 않더라도 투자에 뒤따르는 이익들을 훨씬 많이 얻고 있다. 직원들의 성실성, 애사심, 그리고 고객 충성도까지 높아졌다.

급여 테이블을 짤 때는 기본 월급을 포함해서 결과적으로 총임금이 매출의 20%가 되도록 짜고 있다. 내가 원하는 건 직원 1인당 매출 2천만 원이 무조건 넘어야 된다는 건데, 지금은 꾸준히 달성되고 있다. 고부가가치 매출 구조로 바꾸고 난 후의 성과다. 말 안 듣는 직원을 데리고 인건비를 써서 장사하는 구조는 앞으로는 힘들어질 것이다. 많이 줄 수 있는 오너가 더 많은 매출을 얻는다. '내 돈 들여서 내가 차렸는데 직원들한테 이 많은 돈을 왜 줘야 돼?' 생각하며 아까워하면 앞으로는 혼자 장사해야 할 수도 있다.

더 많이 벌어서 다 같이
나눠갖는 구조

1인당 2천만 원의 매출을 넘겼다는 전제 하에 매출의 20%를 임금으로 돌리자, 직원들도 일에 대한 개념을 확실히 이해하고 실천하려는 노력을 하고 있다. 거기서 어느 직무에 어느 만큼 수익을 배분할 것인지는 사장이 정하면 된다. 고객 응대를 한 사람은 판매에 직접적으로 영향을 주었기 때문에 높은 비율로 배정해주고, 보조적인 업무를 한 사람이라면 옛날처럼 떡값 주는 액수 정도로도 괜찮다. 성실성이라든가 기여도는 매장에 상주하면서 자세히 보는 사장이라면 알 수 있다. **여기에 맞춰 각자 차등 있게 주되 중요한 것은 직원들에게 배정하는 정해진 총비율은 줄이지 말라는 것이다.**

실제로 이렇게 임금을 높이면 직원들도 부담된다. 한번은 직

직원이 주인처럼 일할 수 있을까 ────

원이 물었다. "월급을 이렇게 더 주면 처음엔 고맙다가 나중에는 당연시할 수 있는데 어떻게 생각하세요?" 물론 처음엔 좋아하다가 3개월 정도 지나면 고마움이 없어지고 당연시될 수 있다. 나중에는 안 주면 섭섭한 일로 바뀔 수 있다. 그 사람이 가지는 마음을 내가 어찌 할 수 있는 방법은 없다. 고마움을 유지하기가 어려운 건 알지만 그건 개인의 몫일 뿐이다. 고마움이 금방 사라진다면 그건 양심이 없는 사람인데, 그런 사람이 성공하는 건 못 봤다. 그만큼의 혜택을 누리고도 양심이 없다면 그 사람은 자질이 없는 것이다.

"계속 고맙게 생각하라고 단속할 수는 없다. 양심 있는 직원이라면 오너가 시키는 일을 지켜주는 게 서로 오래 갈 수 있는 것임을 알 것이다. 화장실 들어갈 때와 나올 때 마음이 달라지는 게 인간의 본성이라지만, 제대로 된 사람은 잊지 않기 위해 양심껏 할 것이다. 3개월 지났다고 해서 그 고마움이 하루아침에 사라지지 않는다." 이렇게 말해주었다.

임금 구조를 바꾸는 게 직원들의 동기부여와 태도를 변화시키는 데 도움이 됐지만, 그렇다고 한순간에 갑자기 모든 게 바뀐 것은 아니다. **목표를 공유하고 직원들에게 청사진을 제시하며 서서히 바꿨고 3년이 걸려 완성했다.** 자영업을 하는 사람도 나이가 든다. 점점 옛날만큼 몸을 쓰지 못하니까, 직원들의 이직률을 낮추고 오래 장사를 잘할 수 있는 방법을 찾아야 했다. 내가 수익을 덜 가져가더라도 직원에게 단순한 성의 표시가 아니라 확실한 작은 주인의 대우를 해주니까 시스템을 완성할 수 있었다. 오너는 그 과정에서 교육을 통해서 직원들이 잘 따라오도록 만들면 된다.

임금이 오르자 달라진 것들

임금을 올려 직원들을 작은 주인으로서 대우해주자 고객 응대가 달라지고 고객들도 그걸 느끼고 있다. 그러면 고객은 다른 사람을 소개시켜 주고 매출은 늘어난다. 나는 "이 시스템이 바뀌는 데 3년 걸릴 것이다"라고 말하곤 했는데 직원들은 최근에서야 "진짜 신기해요"라고 말한다.

예전에 안경공장 콘셉트로 운영할 때에 비해 고급 손님들이 많아진 지금은 진상 고객도 줄어들었다. 고가의 안경이 팔리는 걸 보면서 직원들도 놀란다. 매장에 들어오는 고객 수는 줄어들었는데 매출은 안 줄어드니까 신기해한다. 그 덕분에 직원 수가 줄었어도 고객 응대에 무리가 없고 매출에도 지장이 없다. 고객이 줄어도 매출이 비슷하면 직원들이 써야 하는 에너지 양은 줄지 않는다. 직원 수를 줄였기 때문에 한 사람당 2~3인을 응대할 수 있도록 멀티태스킹 능력을 올려줘야 한다. 그 대신 종업원을 탈피해 작은 주인으로서의 역할을 톡톡히 하기 때문에 획기적으로 수익을 나누는 보상을 줘야 한다.

직원 입장에서도 돈을 더 벌어보겠다고 퇴사하고 작은 안경원을 열어서 매출 1천만 원도 안 되는 장사를 하느라 골치를 썩는 것보다 낫다. 4천만~5천만 원 매출이라고 해도 자기 돈으로 초기자본금이 들어가니까 진짜 돈을 버는 건 한참 후에나 가능하다. 또 혼자 안경원을 하면 놀지도 못하고 근무시간도 늘고 스트레스만 많아지기 때문에, 그보다는 차라리 장사 잘 되는 대형 안경원에서 좀 더 열심히 노력하는 대신 안정적으로 높아진 임금을 가져가는 게 훨씬 낫다.

직원도 작은 주인이니까 한 사람 몫을 하는 게 아니라 두세 사람 몫을 하는 멀티태스킹 능력을 길러야 한다. 그러면 보너스는 1.5배가 아니라 2~2.5배 가져갈 수 있다. 다른 곳으로 월급을 높여서 간다 해도 20~30% 높아지는 것일 테니까 비교가 안 된다. **사장은 작은 주인을 만드는 법을 연구함으로써 진짜 돈 버는 장사를 계속할 수 있다. 작은 주인이 됨으로써 직원은 노비 마인드에서 벗어나 주인의 마인드로 바꿀 수 있다.**

다만 이것은 장사를 처음 하는 초보 사장이 하기에는 좀 힘든 일이다. 그리고 매장을 크게 할 경우에 해당한다. 작게 매장을 시작하는 사람이라면 직접 일 처리를 다 해야 한다. 초기에는 세팅을 잘 하는 데 집중하고 수익 구조를 만든 후에 미래의 큰 그림으로 이렇게 간다면 좋다. 직원 교육을 할 때도 작은 주인이 되기에 가능한 토양을 만들기 위해 준비 작업을 해야 할 것이다.

노비 마인드가 주인 마인드로 바뀌는 마법

이렇게 할 수 있는 상황까지 가려면 사장은 피눈물 나게 일을 해야 한다. 최근에 1인 매장을 하는 안경사 후배들에게 "직원 1인당 2천만 원의 매출을 올릴 수 있는 게 아니면 직원을 쓰지 말라"는 이야기를 해주고 있다. 옛날처럼 1천만 원 매출을 더 올리려고 직원을 쓰는 건 이제는 사장이 편해지려고 쓰는 것일 뿐이다.

월 매출 2천만 원까지는 사장 혼자 1인 매장으로 운영하여 수익을 가져가면 된다. 월 매출이 2천만 원 이상 될 시점부터 비로소 직원 채용을 생각하면 된다. 직원을 쓰고 잘해서 1인 3천만 원까지 만들 수 있다면 사장이 움직일 수 있는 운신의 폭이 커진다. 그러면 어느 정도는 위임이 가능해지고 그 다음을 준비할 수 있는 여유가 생긴다. 다음으로는 근무시간까지 획기적으로 바꾸는 복지도 생각해볼 수 있다. 영업시간을 줄인다든지 운영의 묘미를 발휘할 수 있는 노하우를 개발하는 것이다.

이제 인건비 아껴서 돈 버는 시대는 끝났다. 오히려 사장의 이익금을 더 투자하고 직원 임금을 높여서 1인당 2~3인역을 할 수 있게 만드는 것이 오너의 역량이다. 그게 직원도 만족시키고 사장도 좋은 일이다.

같이 먹고사는 터전으로 만들 수 없으면 장사는 이제 힘들어진다. 자꾸 너도 나도 매장을 차려서 영세한 자영업자가 늘어나기보다 작은 주인 역할을 하면서 매장을 키워가면 사장이나 직원이나 서로 좋다. 이렇게만 갈 수 있으면 대한민국 자영업은 롱런하는 장사를 할 수 있고 걱정도 덜 것이다. 자기 주장과 자기 실리가 확실한 직원들을 데리고 일해야 하는 시대에 할 수 있는 방법은 이것밖에 없다. 내 욕심을 먼저 버리면 같이 오래 갈 수 있다.

"성과급 기준이 뭐예요? 부장님은 왜 100만 원 받고 저는 50만 원 받나요?" "삼성은 상여금을 800% 주는데 왜 우리는 50% 주나요?" 이런 말들이 바뀐 시대의 젊은 직원들 마인드다. 사회적 관점에서 보면 빈부 격차가 큰 시대에 대한민국의 젊은 층은 스스로 힘으로 위로 올라갈 수 있는 가능성이 점점 줄어들고 있다. 그러다 보니 이제는 국가가 청년들에게 돈도 주고 땅도 주는 시대가 온다고 해도 이상하지 않다. 그 재원은 어차피 내가 내는 세금에서 나올 텐데 뺏기기 전에 먼저 주는 것도 좋은 일이라 생각한다.

세금을 감안하면 많이 벌수록 세율이 올라가니까 사장이 더 많이 가져가고 세금으로 많이 떼이는 것보다 그걸 직원들에게 주고 세율을 줄이면 비슷하다. 가만히 있어도 세금으로 뺏길 거라면 차라리 그걸 직원들에게 나눠주면 사장은 좋은 사람이 된다. 게다가 고객 만족이 높아지고 장사는 오래 할 수 있다.

보너스 배분을 할 때는 나이와 연차를 기준에 넣지 않으면

실적에 따라 받게 되니까 공평해진다. 그래야 경력직도 열심히 하고 초보도 열심히 한다. 직원들은 합리적인 근거를 제시해야 움직인다. 내가 더 열심히 하고 매출도 많은데 왜 저 사람을 더 주냐고 하면 사실 할 말이 없다. 전체 매출을 보고 개인 매출을 본 다음 기본급에 더해서 보너스를 차등 지급한다. 큰 차이를 주면 부작용이 있기 때문에 차이는 너무 크게 벌이지 않는다.

만약 한 직원의 매출이 저번 달보다 적게 나왔는데 그 전월과 비슷하게 보너스를 주면 그건 동기부여가 안 된다. 직원도 그걸 알기 때문에 매출이 줄었으면 보너스도 깎여야 한다. 그냥 많이 주면 '열심히 안 해도 주더라'가 되어 아무 소용없다. 조금 더 욕심이 생기고 열심히 할 수 있게 유도해야 한다.

복지란 적게 일하고
많이 받는 것

열심히 일한 직원에게 주는 보상은 돈만 있는 것이 아니다. 직원들 입장에서 좋은 직장, 좋은 복지란 적게 일하고 많이 받는 것이다. 그것이 직원들이 생각하는 최상의 만족이다. 복잡하게 생각할 일은 아니다.

장사하는 매장에서 추구해야 하는 최고의 가치는 고객 만족이지만, 자발적으로 여기에 관심을 갖는 직원은 거의 없다. 이건 사실 사장의 역량에 해당한다. **고객 만족을 중점으로 일하는 분위기와 마인드를 심어주는 것은 사장이 만들어가야 한다.** 본능적으로 직원들은 자기 자신이 중요하다. 자신도 을의 입장이고 사회적 약자니까 보호받아야 한다고 생각할 것이다. 주는 입장이 아니라 받는 입장이라는 것이다. 그래서 사장은 적게 일하는 것과 많이 주는 것을 충족하는 프로그램을 만들면 직원 만족도 시킬 수 있다. 원리는 아주 단순하다.

예전에는 전반적인 사회 분위기상 사장이 스스로 정한 룰대로 매장을 이끌면 됐다. **그런데 지금은 손님뿐 아니라 직원들도 다들 똑똑해졌기 때문에 사장이 이익을 독점하는 것처럼 느껴지는 방식은 다시 생각해봐야 하는 시대가 됐다.** 직원이 적게 일하고 많이 받아갈 수 있는 구조로 어떻게 하면 바꿀 수 있는지 그걸 찾을 수 있는 사람이 '장사를 잘하는 사장'이 될 것이다.

여기서 하나 더 보태면 직원들이 원하는 것은 편하고 안 힘들게 일하는 것이다. 그래서 직원을 불편하지 않게 '모셔야' 한다고 말하는 사람도 있다. 사실 편하게 적게 일하면서 많이 받아가는 일은 세상에 없다. 욕심이어도 젊은 직원들은 그걸 원한다. 그런데 시대가 바뀌었기 때문에 안 따라갈 수는 없다. 이걸 해줄 수 있으면 직원들을 잘 활용하면서 장사하는 사장이 될 것이고, 그렇지 않으면 혼자 매장을 운영해야 할 것이다. 이런 문제는 앞으로 점점 심해지겠지만, 작은 주인이라 여기면 못 해줄 것도 없다.

물론 말로는 쉽지만 장사에서 현실적으로 어렵다는 건 나도 안다. 그러나 직원의 복지에서 질을 높이려면 사장의 희생이 필요하다. 장사란 애초에 쉬면서 할 수 있는 일은 못 된다. 그러니 '이젠 좀 쉬면서 해야지'라는 생각은 접는 것이 좋다. 옛날에는 주인의 편안함과 이득을 위해서 직원이 필요했다면 지금은 반대로 흘러가고

직원이 주인처럼 일할 수 있을까 ———

있다. 직원의 근무 환경에서 복지를 높이려면 사장이 양보하는 수밖에 없다. 직원이 일하는 게 성에 차지 않으면 사장이 좀 더 일하면 된다. 특히 힘든 일은 더욱 그렇다. 사장은 그렇게 마음을 고쳐먹어야 하고, 그게 바로 내가 이 책을 쓰고 있는 이유다. 이게 안 된다면 앞으로는 혼자 장사할 수밖에 없는 시대다.

사장이 예전 시대의 고정관념을 가지고 있으면서 직원들을 위해준다는 건 앞뒤가 안 맞는다. 이건 돈으로 할 수 있는 것도 아니다. 주인이 희생할 마음을 먹어야 직원들의 복지와 근무 환경이 질적으로 높아질 수 있다. 한 마디로 힘든 사장의 시대가 올 것이다.

출퇴근 시간을 탄력적으로

보통 장사는 10시에 출근해서 9시에 퇴근하는 경우가 많다. 오래 하는 데도 있지만 일반적으로 10시간 이상 열어두는 곳이 많다. 일정 시간 동안 문을 열어야 손님들은 가게에 들를 것이다. 문 여는 시간은 업종마다 다르겠지만 미용실, 식당 등의 매장을 생각해보면 아침부터 가는 사람은 많지 않고 퇴근 후에 들르는 사람이 많을 것이다. 식당의 경우라면 보통은 11시에 오픈하고 밤에는 9~10시까지 할 것이다.

장사하는 매장은 근무 시간이 길어야 된다. 서비스업은 너무 일찍 매장을 닫으면 손님이 불편하기 때문에 직원 복지로 출퇴근 시간을 조정하려면, 매장이 열려 있는 시간은 길게 정해 놓은 상태에서 실행해야 한다. 우리 안경원은 운영의 묘미를 발휘해 직원들의 출퇴근 시간을 조정했다.

나도 옛날엔 직원은 동고동락하기 때문에 똑같이 고생해야 된다는 마인드를 가지고 있었다. 팀워크를 위해서 누구는 일찍 가고 누구는 늦게 가는 것은 없어야 된다고 생각했다. 그러나 얼마 전부터 시대에 맞춰 이걸 바꿔야 한다는 걸 깨달았다. 우리 매장에는 직원이 많으니까 그게 가능하다. 근무시간은 줄여주면서 시간적인 혜택을 주는 복지를 주고 싶었다.

직원들의 하루 총 근무시간은 8~9시간인데, 일찍 출근해서 일찍 퇴근하는 조, 늦게 출근해서 늦게 퇴근하는 조, 이렇게 2개 조로 편성을 하였다. 그래서 10시에 출근하는 사람은 7시에 퇴근하고, 11시에 출근하는 사람은 8시에 퇴근을 한다. 또한 형평성을 위해 돌아가면서 조별 편성을 한다.

매장편에서 말했던 것처럼 매장을 살아있는 유기적인 생물이라고 간주하고 바라보자. 사장 중심으로 보는 것이 아니라 매장 중심, 고객 중심으로 움직이는 것이 바람직하다. 매장의 항상성을 유지하라는 것이 핵심이다.

매장 오픈 시간은 그대로 유지하면서 근무 시간을 어떻게 하면 다른 곳보다 1시간 줄여줄 수 있을까 생각하면서 조정해보았다. 장사하는 집의 직원이 7시 퇴근하는 것은 상상하기 힘들다. 그런데 우리 매장의 직원들은 7시에 퇴근하면서 해가 있을 때 퇴근하는 맛을 볼 수 있다. 교대하기 때문에 매일은 아니지만 그것만 해줘도 직원들은 고마워하고 있다. 젊은 직원은 친구도 만날 수 있고 모임에도 참석할 수 있다. 기혼자는 집에 가서 가족과 저녁을 함께 먹을 수 있다. 장사하는 매장의 직원으로서는 다른 곳에서 해보지 못한 획기적인 경험이다.

그렇지만 보너스를 받을 수 있는 목표 월 매출이 있기 때문에 7시에 퇴근하는 직원들은 아주 열심히 일하게 된다. 매출이 유지가 안 되면 보너스도 줄어들기 때문이다. "복지를 해줄 테니까 대신에 열심히 일하고 가서 쉬어라"라는 것이 사장의 명분이다. 보통 안경사들은 9~10시에 마치면 집에 가서 자기 바빴는데, 일주일에 한 번이라고 해도 7시 퇴근을 경험할 수 있기 때문에 좋아하고 있다.

여기서 주 5일 근무로 휴무까지 조정해주면 직원은 훨씬 더 여유로운 삶을 누릴 수 있다. 예전 같으면 명절이 아니고는 장사하는 매장에 휴무일이란 없으니까 쉴 수가 없었다. 그러나 바뀐 세대에 맞춰 운영의 묘미는 이제 꼭 필요한 일이 되었다.

쉰다는 것의
의미

예전에 장사하는 매장의 직원들은 일찍 출근하고 늦게 퇴근했다. 직원이었을 때 나는 아침 8시 30분에 문을 열고 저녁에는 11시까지 매장에 있었다. 그러는 동안 사장은 실컷 자다가 10~11시에 출근해서는 볼일 있다며 나가버리는 일이 다반사였다. 직원은 매장의 처음부터 끝까지 다 책임져야 했다. 저녁에 일찍 퇴근해버리는 것은 주인의 권리였고, 또 직원은 당연히 그걸 받아들였다. 그 옛날에는 사장이 편하기 위해서 직원을 썼다. 쉽게 말하면 '머슴' 개념이었다.

지금은 개념이 달라졌다. 너무 고객이 많다든가 사장이 에너지 과부하가 걸렸을 때 혼자 감당하기 힘들어서 직원이 필요한 것이다. 고객 서비스를 하는 모든 책임은 사장에게 있다. 그래서

직원이 주인처럼 일할 수 있을까 ──────

장사 초보라면 처음에는 작게 시작하는 것을 권한다. 매장을 작게 열어서 사장이 고객 서비스를 온전히 책임지는 연습을 해야 한다. 직원은 더 많은 상품과 서비스를 제공해야 할 시점이거나, 혹은 더 나은 상품과 서비스를 제공해야 하는데 나 혼자 할 수 없을 때 필요한 것이다. 고객이 많든 적든 월급 부담이 적었던 옛날과는 확실히 다르다. 직원 고용의 시점을 정확히 생각해봐야 한다.

우리 안경원에서는 직원들의 주 5일 근무까지 시도하고 있는데, 대형 매장이라 직원도 많고 오랫동안 한 자리에서 장사를 했기 때문에 이게 가능하다. 화요일에는 사장인 내가 반드시 매장에 있다는 원칙을 지켜주면 직원들이 쉬는 데 크게 제약은 없다. 그러나 매장이 작거나 오픈한 지 얼마 안 됐거나 장사가 초보인 사장들은 이렇게 하면 안 된다. 합리적인 휴일의 사용은 두 가지 유형이 있다. 하나는 열심히 해서 휴일의 개념을 잊고 사는 것이다. 또 하나는 정기적으로 휴무를 정해서 쉬는 것이다. 예를 들어, 일주일에 한 번 월요일마다 쉰다고 원칙을 정하는 식이다.

사장은 언제 쉴 수 있을까

매장이 자리를 잡기 전에 나는 3개월, 6개월 동안 한 번도 안 쉬고 일한 적이 있다. 진짜 사장이라면 사실은 장사에 휴일이 있으면 안 된다고 생각했다. 진짜 사장은 쉴 수가 없다. 내가 하나라도 더 챙겨야 하기 때문에, 진짜 사장은 집에서 쉬면 더 피곤하다. 집에 있으면 마음이 불편해서 매장으로 나오는 것 자체가 쉬는 것일 수도 있다.

게다가 혼자 매장을 하면 쉴 수가 없다. 나 역시 혼자 매장을 할 때는 그랬다. 내가 너무 지쳤을 때 어쩔 수 없이 하루 쉬는 날이 있었을 뿐이다. 그때의 진정한 휴일은 내가 과부하에 걸려서 육체적 한계를 느꼈을 때의 휴무였다. 몸이 약한 사람은 일주일에 한 번씩 꼭 쉬어야 하겠고, 그렇지 않으면 또 달라질 것이다.

그러면 사장은 장사하면서 언제 쉬냐고 할 텐데, 요즘에는 시대가 다르니까 연중무휴로 일할 수는 없다. **원칙을 정해서 일주일에 한 번 정해진 날짜에 쉬면 된다.** 직원의 휴무와 사장의 휴무는 달라서 같은 패턴으로 할 필요는 없다. 직원들은 주 5일 근무를 하고 쉬게 해주는 복지를 줄 수도 있겠지만, 사장이라면 일주일에 두 번 휴일은 곤란하다. 장사를 하는 사장이 주 5일 근무를 하겠다면 망하는 게 수순이라고 봐도 무방하다. 일주일에 이틀이나 가게가 닫혀 있다면 고객은 가고 싶지 않을 것이다. 주 5일 근무를 하고 싶다면 장사를 안 하는 게 낫다.

요새는 세상이 좀 달라져서 주 1회 휴무가 있다는 건 소비자들이 다들 인정하는 분위기여서 사장 혼자 매장을 운영해도 휴무를 정할 수는 있다. 어느 요일에 쉬느냐는 업종이나 지역을 고려해서 정하면 된다. 다만 고정된 매뉴얼로 시행해야지 이랬다 저랬다 하는 것은 안 된다.

직원이 주인처럼 일할 수 있을까 ────

얼마 전에 쉰다는 것의 의미에 대해 질문을 받은 적이 있다. 프로축구팀에서 큰아들이 피지컬 코치로 일하고 있는데, 스태프들을 케어하는 심리상담사와 대화를 하다가 말문이 턱 막혔다고 한다. "손 코치는 휴식을 어떻게 취합니까?"라는 질문을 받았는데, 하는 일이 많아서 빡빡한 일정으로 살고 있던 터라 한 번도 생각해 본 적이 없어서 대답을 못했다고 한다.

다른 사람들은 놀러도 다니고 골프도 치고 한다는데, 아들은 비효율적이라고 생각해서 골프도 아직 안 배웠다. 공부하고 논문 쓰기에 바쁜데 어린 나이에 직장에도 들어갔으니 정신적 스트레스가 많았을 것이다. 이를 극복하고 있는 와중에 질문을 듣고 '내가 어떻게 휴식을 취하지? 스트레스를 어떻게 풀고 있지?' 생각하다가 패닉이 온 것이다. 나는 '쉴 휴(休)' 자 하나에 휴식에 대한 답이 있다고 이야기해주었다.

휴식은 노는 것인가?

한문으로 '휴(休)' 자를 보면 '사람 인(人)' 변에 '나무 목(木)' 자가 붙어 있다. 그냥 해석하면 사람이 나무그늘 밑에서 쉬는 걸 휴식이라고 생각할 수 있다. 그런데 조금만 더 생각해보면, 사람(人) 옆에 있는 나무(木)는 '나무'를 콕 짚어서 지칭하기보다 '사람이 아닌 것'을 갖다놓으면 된다. 스트레스는 인간관계에서 생긴다. 옛날에는 사람들 곁에 있지 않으려면 나무 밑에 들어가 있으면 되니까 휴식처가

'나무'로 대표된 것이다. **즉, 사람에게 벗어나는 것이 휴식이다.**

사람들에게 쉬는 날 뭐하냐고 물어보면 보통은 여행을 가거나 골프 치러 가거나 맛있는 걸 먹으러 가거나 아무것도 안 하고 논다고 대답하곤 한다. 그런데 진정한 휴식은 인간을 떠나는 것이다. 독서를 하든 등산을 가든 나 혼자 생각하고 사색하며 다시 재충전하는 것이 진정한 휴식이다. 쉬자고 여행을 갔는데 같이 간 사람들과 부딪힌다면 그건 휴식이 아니다. 혼자 여행을 갔는데 잠시 벗어났을 뿐, 자신이 정화되지 않았고 인간에 대한 내공이 생기지 않았다면 계속 스트레스는 쌓일 것이다.

진정한 휴식은 인간을 떠나서 스스로 사색하는 것이다. 책을 읽어도 되고 혼자 논문을 써도 된다. 인(人) 변에 붙어 있는 나무 목(木)은 현대에서는 자연이 될 수도 있고, TV가 될 수도 있으며, 음악이 될 수도 있다. 사람을 벗어나 나무 밑에서 쉴 때는 숨만 쉬고 있는 게 아니라 나를 비우면서 해답을 얻기 위해 생각해야 한다. '내가 왜 피곤한지, 내가 왜 힘든지' 생각하는 것이 진정한 휴식이다.

어떤 사람은 머릿속을 비우기 위해 가드닝(Gardening)을 하는데, 몸이 피곤한데도 리프레시가 된다고 한다. 흙을 만지고 가지를 자를 때는 사람과의 부딪힘이 없기 때문이다. 주말마다 등산을 가는 것도 혼자 간다면 진정한 휴식이 될 수 있다. 인간을 벗어나야 스트레스가 풀리고 다시 회복이 될 수 있다. 친구랑 놀러가는 것은

직원이 주인처럼 일할 수 있을까 ────

스트레스를 잠시 잊을 수는 있지만 스트레스가 없어지지는 않는다. 결국 스트레스는 스스로 정화하는 것이 답이다.

현대인은 머리가 비워져야 진정한 휴식이 된다. '휴식 = 노는 것'이 아니라 '사색하고 정리하는 것'이다. 노는 것에도 에너지를 써야 하고 동행한 사람과 부대끼면 피곤은 더 쌓인다. 여행도 혼자 가면 사색을 안 하려야 안 할 수가 없다. 누군가에게는 혼자 하는 여행이 휴식이지만, 누군가에게는 운동이고, 누군가에게는 독서이고, 공부이고, 음악이고 그림이다. 휴식은 몸이 바쁜 것과는 상관이 없다.

휴식은 완전히 떠나는 것이다. 그래서 매장에 클레임이 있을 때 나는 담당 직원이 휴무라면 전화하지 말라고 한다. 설사 손님이 찾아왔어도 어떻게든 휴일인 직원을 전화로 소환하지 않고 그 안에서 해결한다. 그날 하루만큼은 완전히 떠나게 해주는 것이다. 정말 어쩔 수 없는 상황이라면 모르겠지만, 그 사람의 휴식을 회사에서 방해하면 안 된다.

사장이 휴무일이라면 그날 하루는 매장에서 직원이 알아서 하도록 전권을 줘야 된다. 신경쓰고 있을 바에는 매장에 나가서 일하는 것이 낫다. 안경원은 흥정이 있는 곳이라서 내가 쉬는 날이나 자리를 비운 시간대에 매뉴얼을 벗어난 가격 할인에 관한 것은 보고가 오지만, 나머지는 직원들에게 위임해 주고 스스로 할 수 있는 권한을 준 다음 개입하지 않고 있다.

직원 중에도
진상이 있다

사장이든 직원이든 게으른 사람은 장사를 할 수가 없다. 어떤 경우에는 애매하게 꾀를 부리는 타입도 있다. 힘든 일을 골라서 안 하려고 하는 경향을 보이는 것이다. **한 마디로 선택적 성실성을 발휘하는 사람이다. 힘들고 어려운 것은 외면하고 자신이 하고 싶은 것만 골라서 하려는 사람이 있다.** 예를 들어, 응대가 어려워 보이는 손님이 있으면 다른 일을 하는 척하고, 쉬운 손님들만 응대하려고 한다. 사장이 볼 때는 그게 표시가 다 난다. 손님이 들어왔을 때 편안한 느낌이 드는 사람 같으면 응대를 하고, 진상 손님 느낌이 난다 싶으면 스윽 다른 데로 가는 것이다. 일명 뺄질이다.

직원 입장에서는 어려운 일을 한다고 월급을 더 주는 게 아니기 때문에 머리를 굴린다. 고가 타깃의 손님이 왔을 때 욕심 있는 직원들은 열과 성의를 다해서 응대한다. 약삭빠른 직원들은 적당한 걸 팔려고 한다. 어려운 손님들은 에너지를 더 소비해야 매출까지 이어지기 때문에 가만히 앉아서 쉬운 것만 주워먹으려고 한다. 안경원에서 재방문 손님은 기존 데이터가 있기 때문에 권하기도 쉽다. 그래서 신규 손님과 재방문 손님이 동시에 들어오면 재방문 손님에게 얼른 다가간다. 매장 입구에 단골 손님이 들어오면 그런 분들만 골라서 붙는 직원이 있다. 보이지 않는 분위기란 것이 있어서 사장은 그런 것들을 잘 살펴보고 주의 환기를 시켜줘야 한다.

사장이 매장에 상주해 있지 않고 포스 데이터 매출만 확인하는 경우에는 누가 어떤 고객을 어떻게 응대했는지 모른다. 직원들끼리도 그런 약삭빠른 행동을 하는 사람은 다 알기 때문에 팀워크가 깨진다. 반목하는 분위기가 될 수 있는 부분은 사장이 정확하게 볼 수 있어야 한다. 중요한 건 뺀질거리며 약삭빠른 사람을 교육 안으로 포섭하는 것이다. 역할 분담이 잘 되어야 멀티태스킹도 가능하기 때문에 사장은 항상 눈여겨봐야 한다.

직원들은 자신 소유의 매장이 아니기 때문에 어느 정도 게으름을 가지고 있는 건 어쩔 수 없다. 그건 나빠서 그렇다기보다 자기 것이 아니기 때문이다. 매장에 더럽혀진 게 있을 때 주인은 자기 소유니까 치우는 것이고, 직원은 자기 소유가 아니니까 좀 더러워도 그냥 지나가는 게 어떤 면에선 자연스럽다. 이런 상황에서 오히려 직원의 게으름을 탓하지 말고 사장이 부지런하면 된다. 그렇게 커버하면서 평균을 높여 놓으면 서비스의 수준을 유지할 수 있다. 사장이 직접 뛰면서 열심히 하면 미안해서 직원도 한 번은 한다. 시키는 것보다 사장이 하면서 마음을 자극시키는 것이다. 사장이 하면서 "이것 좀 같이 하자"라고 하면 직원도 마지못해 할 수 있다.

초보 직원에게 처세술을 가르쳐야 할 때

어느 집단이나 시기, 질투를 하거나 타인의 에너지를 빨아먹는 뱀파이어들이 있다. 그런 직원들은 관리가 잘 안 된다. 얍삽하기 때문에 표시도 잘 안 난다.

예를 들어, 초보 직원이 들어왔을 때 그런 직원들과 엮이면 곤란을 겪는다. 초보 직원들은 사장이 하는 말을 잘 듣는다. 사장의 철학에 따라 매뉴얼을 알려주면 그대로 하려고 한다. 그런데 고참이나 사수가 사장과 다른 요구를 하거나 그럴 필요 없다고 하는 경우가 있다. 내 밑에서 직속으로 배웠던 직원은 나의 주장을 잘 이해한다. 그런 직원들은 토를 다는 것이 없다. 그런데 **다른 곳에서 일하다가 옮겨온 직원은 다른 문화에 있다가 왔기 때문에 보는 각도가 다를 수 있다.** 그런 직원들이 초보들을 자극하는 경우가 있다. "야, 그렇게 안 해도 돼. 이런 방법도 있어" 하는 것이다. 한 마디로 이간질시키는 것이다.

이때 초보들은 중간에서 멘털이 흔들린다. 사장이 매장에 상주하면서 계속 보고 있으면 덜한데, 사장이 없을 때는 선배들 눈치를 보게 된다. 중간에서 왔다 갔다 흔들리는 것이다. 개인 면담을 할 때 어려운 것 없냐고 물어보다 보면 대화를 하다가 그런 상황을 알게 된다. 이럴 때 사장 입장에서도 참 애매하다.

사장이 선배를 불러서 혼낼 수도 없고, "선배가 시키는 대로 하지 마라" 하기도 애매하다. 결국은 초보 직원에게 처세술을 가르쳐 주는 수밖에 없다. "그래도 일단은 요령껏 선배가 시키는 대로 해야 되는데, 일을 하다 보면 분명히 그 선배의 방식이 틀리는 순간이 나올 거다. 그때가 네가 뒤집을 수 있는 절호의 찬스다. 그때까지는 어쩔 수 없이 선배가 시키는 대로 하는데, 그래도 내가 가르쳐 준 걸 절대로 잊으면 안 된다. 30년 동안 다 해본 결론이라 결국엔 내가 맞다는 걸 알게 될 거다."

선배들도 실수를 하기 때문에 후배에게 주장했던 것이 틀릴 때가 나온다. "그때 걔들한테 잘못된 걸 이야기하고 근거를 제시해라. 그리고 나면 내 방식대로 수정해야 한다. 그때까지는 어쩔 수 없다. 너무 내 편을 들면 너 왕따 당한다." 이렇게 직장 처세술을 가르쳐야 한다. 선배들이 이야기하면 초보는 따라주는 게 맞지만 때를 기다리면서도 원칙을 잊지 않아야 한다.

장사 철학을
직원과 공유하라

매장이 같은 콘셉트를 가지고 항상성을 유지하면 고객은 올 때마다 동일한 서비스를 받을 수 있다. 그것은 고객이 재방문하는 이유가 된다. **이게 가능하려면 사장과 직원은 장사 철학을 공유해야 하고, 직원들끼리 배려가 가능한 환경을 만들어야 한다.** 그런 이유로 장사가 오래 지속되려면 마인드가 맞지 않는 직원은 처음부터 걸러내야 옳다. 세월이 흘러 생각해보니 마인드가 맞는 직원과 함께 일하는 것은 즐겁고도 가장 이상적인 일이다.

우리 안경원의 경우에는 일하는 동안 끊임없이 움직여야 하는데, 힘들다고 이걸 받아들이지 못하는 직원도 있다. 그러나 매장은 유기적인 생물과 같아서 그 직원 한 사람 때문에 매장이 정지될 수는 없다. 매장이 지속되려면 사장의 생각, 가치관, 기준을 어떻게든 쉼 없이 이야기해주면서 직원의 마음을 열어야 한다.

직원 교육은 사장의 DNA를 직원에게 심어주듯이 해야 하는데, 일정 부분 전해지고 교집합이 생기면 그 직원은 계속 근무할 수 있다. 만약 그걸 받아들일 생각이 없으면 그 사람은 자신에게 맞는 곳으로 옮겨가는 수밖에 없다. 힘들어서 안 되겠다 싶은 직원은 퇴직금을 받기 위해 딱 1년만 버티다가 나가기도 하고, 그것도 싫은 사람은 3개월이면 이동해버린다. 새로 들어온 직원이 1년을 넘겼다면 3년 이상 함께 일할 확률이 높아진다.

직원들은 기본적으로는 편한 걸 좋아한다. 자극을 주지 않으면 안주한다. 퇴근하고 집에 가면 게임을 하고 논다거나 스포츠를 하는 정도로 시간을 보낸다. 장사가 바쁘니까 근무시간에 자기계발을 할 수는 없지만, 1년에 한 번 정도는 집에 가서 책을 읽고 생각하는 시간을 가질 수 있도록 유도하고 있다. 변화를 주고 귀찮게 해야 제자리에 머물러 안주하면서 고인 물이 되는 걸 방지할 수 있다.

또 매장에도 변화를 자주 줘야 한다. 시스템에 변화를 줄 수도 있고 매장 분위기를 바꿀 수도 있다. 직원들은 변화를 싫어해서 디스플레이 하나를 바꿔도 싫어한다. 디스플레이를 바꿔놓으면 익숙해질 동안은 직원도 불편하다. 그러나 매출이나 고객 만족을 높이기 위해 고객의 동선을 바꾸는 것이라면 진행해야 한다. 직원들은 스트레스를 받겠지만 결국 그것이 머무르지 않고 성장하는 계기가 된다. 그만큼 사장은 노력을 지속해야 한다.

직원에게 어필하는 변화의 중요성

나는 매장에 항상 변화가 많을 것이라고 선언하곤 한다. 그럴 때마다 직원들이 잘 따라오게 하려면 먼저 사장은 실력과 성실성을 갖춰야 한다. 그것이 직원의 마음을 사로잡는 최고의 방법이다. 성실함은 인간적인 면을 믿게 해줄 것이고 실력은 직원이 배우려는 실질적인 내용이 될 것이다. 실력 있는 사장 밑에서는 싫어도 버티기 마련이다.

자기 목표가 있는 직원은 돈 버는 것도 중요하지만 '과연 이 회사에서 배울 게 있느냐'를 따진다. 어떤 업종이든 사장에게 노하우와 실력이 있을 때 말이 먹힌다. 직원의 목표는 사실은 성장인 것이다. 친분을 쌓는 것이 목적이 아니기 때문에 관계성으로는 어필이 안 된다. 사장이 나보다 실력 없다고 생각하는 순간 독립하기 위해 나가든가, 아니면 그곳에서 실세가 되어 사장을 휘두를 수도 있다. 자장면 집에서 사장이 실력이 없으면 주방장이 갑질하는 것과 같다. 나가겠다거나 급여 인상을 요구하며 전횡을 휘두를 수 있다.

실력을 갖춘 사장이면서 성장을 추구하는 사장이라면 그는 변화를 아주 좋아하는 사람일 것이다. 이럴 때 발생할 수 있는

직원이 주인처럼 일할 수 있을까 ———

일들이 있다. 매뉴얼이나 시스템에 어떤 변화를 시도했는데, 집에 가서 책을 읽었거나 강의를 들었더니 잘못됐다는 걸 깨닫는 경우가 있다. 만약 정책을 발표한 지 며칠 되지 않았다면 보통의 사람들은 '말을 했으면 일단은 지켜야지, 또 바꾸면 직원들이 반발하지 않을까' 하고 생각할 것이다. 직원들 눈치 보느라 입 다물고 잘못됐다는 걸 다들 인식할 때까지 기다리는 선택을 할 수도 있다.

그런데 내 생각은 다르다. 설사 오늘 내뱉은 말인데 한두 시간 만에 잘못됐음을 깨달았다 해도 바로 수정할 수 있어야 진정한 사장이다. **매장의 발전과 조직의 성장을 위해서는 잘못된 걸 바로 바꿀 수 있는 용기가 필요하다.**

직원들 입장에서는 "말한 지 며칠 됐다고 또 바꿔?" 하면서 싫어할 것이 뻔하다. 그런데 장사하는 직원은 장사하는 사장이 되고 싶어한다. '어떤 사장이 유능한 사장일까?' 하는 관점에서 보면 답이 나온다. 직원들 눈치 보고 편안함을 위해서 입 다물고 가만히 있는 오너가 좋은 사장은 아니다. 직원들 반응을 무릅쓰고 발전을 위해서 수시로 좋은 방향으로 수정, 보완하는 게 맞는 선택이다.

사장은 변화를 갈구하면서 직원들이 변화에 친숙해지도록 만들어줘야 한다. 변화가 일상인 것이 익숙해지면 직원들도 변화를 당연하게 받아들인다. "그래, 이때쯤이면 바꿀 때 됐다"라고 여기면서 긍정적으로 수긍한다. 우리 매장은 3개월에 한 번씩 사장이 주기적으로 뭔가 바꾼다고 생각하고 직원들이 어쩔 수 없이 그냥 따른다. 당연히 해야 한다는 분위기 조성이 중요하다. 변화에 대해 사장이 당당하면 "안 하던 걸 왜 하라고 해요? 내가 왜 일을 더 해야 돼요?" 하는 생각을 누를 수 있다. 그걸 못하면 직원의 싫은 티를 손님들도 느낀다.

직원도 책임을 지는 시스템

매장 콘셉트와 장사 철학을 유지하기 위해서는 이인자가 되어 관리해줄 사람이 필요하지 않냐고 묻는 사람들이 있다. 그런데 이것은 '매장을 키울 것인가?' 하는 결정과 관련이 있다. 매장을 여러 개 하고 싶다면 혼자 다 못하니까 내가 추구하는 가치를 최대한 발휘해 줄 이인자를 키우는 것이다. 장사 철학을 공유하는 이인자가 책임자로 있으면 분신 역할을 해줄 것이라 기대할 수 있다. **복수 매장을 둘 게 아니라면 이인자는 필요 없다.**

직원이 알아서 일을 잘 해주는 시대가 아니다 보니까 앞으로는 가족경영이 늘어날 것이라는 예측을 하는 사람이 많다. 형이나 동생, 처제나 처남 등이 참여해서 일하면 태업을 하거나 얍삽한 행동은 안 할 것이라고 기대하는 것이다. 그러나 가족경영을 너무 쉽게 생각하고 덤비면 큰코다친다. 가족이라서 편하게 막대하다 보면 잘못하면 남보다 심한 원수가 될 수 있다. 가족경영

직원이 주인처럼 일할 수 있을까 ———

이라고 해도 장사가 오래 가려면 직원 개념보다는 동업자 개념으로 생각해야 한다.

가족을 동업자라고 생각하면 이익 배분이 달라진다. 직원에게 주는 이익금과 동업자에게 주는 이익금은 다르다. 그래서 가족에게 주는 임금은 직원보다는 더 줘야 한다. 이걸 제대로 하지 못하고 가족이니까 당연히 안 줘도 된다고 생각하면 필연적으로 갈등이 생긴다. '내가 열심히 해줬는데 이런 대접을 해?'라고 생각하다가 섭섭함이 폭발하고 관계가 깨지는 경우도 많다. 사례를 들어보면 가족이란 명분하에 혹사시키는 경우가 많다. 일은 더 많이 시키면서 직원보다 월급을 적게 주면서 '저 사람의 노동력은 내 것'이라고 생각하는 것이다.

어차피 혼자 할 수 없는 일이라서 함께 가려고 하는 것이라면 정확하게 동업자 개념으로 출발하면서 이익 배분을 확실히 해야 서로 스트레스를 덜 받는다. 돈 때문에 갈라서고 마음 상하는 것이지, 돈을 많이 받고 일하는데 마음 상할 것은 없다. 섭섭한 일이 있어도 돈 때문에 화합이 되는 것이 세상 이치다. 바뀐 시대에 더욱더 장사로 잘 되고 싶은 욕심이 있다면 가족도 많이 줘야 한다. 이것만 제대로 된다면 직원을 쓸 때보다는 가족경영이 스트레스가 훨씬 적을 것이다.

동업자 개념으로 함께 장사하는 시스템이 잘 구현되려면 역할 부담을 정확하게 하는 것이 좋다. 일의 범위를 잘 정하면 각자 책임 소재도 명확해질 것이다. 가족이라는 점이 장점으로 작용하려면 무턱대고 '내 맘 같을 테니까 일 잘 하겠지'라고 생각하면 안 된다. 가족이지만 독립된 주체로 생각하면 얼굴 붉힐 일이 없다. 출퇴근 시간이라든지 임금에 대해서는 시작 전에 확실히 정해두는 것이 핵심이다.

그렇게만 한다면 가족경영은 훨씬 장점이 많다. 주인이 여러 명인 셈이라서 고객들에게 인사를 해도 다르다. 게다가 고용 안정이 되고 당연히 이직률이 낮다. 장사를 더 크게 키울 꿈을 가지고 매장을 여러 개 하겠다는 결심을 했을 때는 이인자 중에 가장 좋은 선택으로 가족을 우선적으로 배치하면 된다.

숨겨진 문제를 찾는
리스크 관리법

어느 조직에서든 일하는 분위기를 조성하는 것은 중요하다. 어느 직원은 사장 앞에서는 열심히 일하는 것처럼 보이지만 없을 때는 태만한 사람도 있을 것이고, 매장의 비싼 물건을 몰래 빼돌리는 사람도 있을 수 있다. 또 다른 직원에게는 매장의 단점을 말한다든지 일하기 싫게 만드는 이야기를 해서 기운을 쫙 빼놓고 자신만 실적을 챙기는 사람도 있을 수 있다. 그런 경우는 팀워크에 금이 가는 상황을 만들기 때문에 생각보다 심각해진다. 장사하는 사장은 그런 분위기까지도 디테일하게 살펴보고 조정할 수 있어야 한다.

직원들끼리만 있을 때 벌어지는 분위기를 사장은 캐치하려는 노력을 해야 한다. 개인 면담을 하면서 "일하면서 불편한 게 뭐야?" "어려운 점 있어?" 이런 식의 질문을 해보는 것도 좋다. 이런 건 맨정신으로는 얘기를 안 하기 때문에 예전에는 직원들과 술자리를 함께 하기도 했다. 맨정신일 때는 이성으로 무장을 하기 때문에 불만이 10개 있더라도 한 개 말할까 말까다.

요즘 시대엔 사장과 직원의 대화가 줄어들었다. 회식도 줄어들고 장사하는 사람으로서의 동질감 같은 것도 덜하다. 서로 불신하는 사회적 분위기도 있는 데다가 인간적인 면이 많이 줄었다. 지금은 공사 구분이 아주 선명해졌다. 직원도 쌍방 간에 편한 관계를 원하지 않는다. 매장 안에 뺀질이 직원이 있어서 힘들어도 직원들끼리는 얘기하지만 그 이야기를 사장에게는 하지 않는다.

내가 직원들 일하는 분위기를 감지하기 위해 가장 확실하게 써먹는 방법이 있다. 지금은 내가 술을 안 먹기 때문에 **개인 면담을 활용하고 있는데, 바로 퇴사하는 직원들과 면담하는 것이다.** "내일부터 우리 안 보니까 우리 회사의 문제점을 한 마디만 해주고 가라." 이렇게 부탁하면 편지로 적어주기도 하고 말로 해주기도 하고 문자를 보내기도 한다. "같이 일했던 정을 생각해서 내가 모르는 게 있으면 하나만 가르쳐주면 고맙겠다"고 하면 도움이 되는 이야기를 들을 수 있다. 퇴사하고 나가는 직원은 거짓말을 하거나 포장해서 말하지 않는다.

직원이 말하지 않았어도 캐치할 수 있다

직원들은 같은 편 의식이 있어서 고자질을 싫어한다. 직원들은 거짓말하거나 감추는 것이 보통이다. 자기들끼리 치고받고 싸워도 사장에게는 알려주지 않는다. 직원들 중 누군가 사고를 치고 있는 걸 알아도 직원들은 절대 얘기하지 않는다. 문제가 심각한 지경이고 상대가 자신과 앙숙이라 해도 말하는 경우가 드물다.

개인 면담을 할 때 요새는 개인사를 묻는 건 서로가 껄끄럽다. 개인에 대한 정보보다는 전체적인 조직 구성원들이 어떤 문제가 있는지 아는 것이 중요하다. 팔이 안으로 굽는 법이라 그런지 몰라도 직원들은 사장이 묻는 걸 답해주는 걸 고자질이라고 생각한다. 이간질시키려는 목적이 아닌데도 그렇게 생각해서 물어봐도 안 가르쳐주는 부분들이 있다. 직원들이 그렇게 느낀다면 사장은 묻지 않아야 한다. 대신에 개인 면담을 하다 보면 뭔가 분위기를 읽을 만한 뉘앙스를 알게 되는 경우가 있다. 은연중에 사장이 추측할 수 있는 말이 흘러나온다. 직원은 고자질을 한 게 아닌데 사장이 분위기를 감잡을 수 있는 보이지 않는 소스를 캐치하는 것이다.

개인 면담을 정기적으로 하는 이유는 그런 부분을 사장이 수시로 감각적으로 체크하는 계기로 만들기 위해서다. 개인 면담을 하는 시간을 못 만들 경우라면 주기적으로 한 명씩 함께하는 시간을 만들어야 한다. 3개월에 한 번이라도 점심을 같이 먹는다든가 하는 방법을 쓰면 된다. 회식을 하기보다는 명분을 만들어서 대화할 시간을 확보하는 것이다. 예를 들어, 다른 직원들은 식사하러 갔는데 한 직원이 고객 응대를 하느라 늦어졌다면 사장이 직접 챙겨주기 위해 데리고 가서 밥도 먹이고 이런 저런 이야기를 할 수 있다.

요즘 개인 사생활 이야기는 피차 삼가기 때문에 그런 건 배제하고 회사 이야기를 하면 된다. "어떤 고객이 이랬다더라"부터 시작해 "누구랑 친하다며?" 하고 물어보는 것도 좋다. "요새 얼굴이 안 좋던데"라고 물어보면, 개인사가 있거나 회사에서 무슨 일이 있었다거나 일 때문에 고민하는 것을 파악할 기회가 된다. 직원 입장에서는 별 얘기 안 하지만, 사장의 내공으로 딴 생각을 하는 직원이나 사장 앞에서는 잘하지만 뒤돌아서면 적이 될 수 있는 직원도 파악할 수 있다.

사장이 평소에 감각적으로 파악하고 있었던 부분에 대해서도 이런 대화를 통해 확신을 거치는 검증 단계로 활용할 수 있다. 나의 감각적 판단은 실수였을 수도 있고, 분위기 파악은 됐지만 확신은 없을 때도 있다. 사장도 사람인지라 결정적으로 사람을 파악하지 못하는 부분도 있다. 실수나 오해를 방지하기 위해 일대일로 이야기하는 개인 면담은 '내가 잘못 봤구나' 또는 '믿는 도끼에 발등 찍힐 뻔했구나' 같은 크로스체크가 될 수도 있다. '표

직원이 주인처럼 일할 수 있을까

현이 서툴러서 그렇지 얘는 진짜 진국이구나' 하는 것도 파악될 때가 있다.

실력자는 디테일한 걸 신경쓴다

사장이 직원들 일하는 분위기를 파악하지 못하면 한순간에 무너져내리는 일도 발생한다. 직원들은 기본적으로 나쁜 것은 빨리 배우고 좋은 것은 늦게 배운다. 나쁜 것에는 대표적으로 편한 것이 있다. 매뉴얼대로 하면 디테일하게 공을 들여서 해야 하는데, 생략하고 압축하는 루트를 따르는 경우가 있다. 사람은 편한 것을 따르는 경향이 있다 보니까 귀찮아서 그러는 것인데, 고참들한테 그걸 보고 배우기도 한다. 자신의 사수나 매출 잘 나오는 사람을 보고서 '그걸 안 하고도 잘하는구나' 싶어서 따라한다.

특히 초보 직원이라면 이럴 때는 꼭 지적을 해줘야 한다. 사실 그걸 빼먹는다고 큰일이 나는 건 아닐 수도 있다. 일을 오래 하다 보면 요령이 생겨서 안 할 수도 있지만, **일을 배우는 입장일 때는 제대로 정석을 배워야 한다.** 알고 빼먹는 것과 모르면서 따라하느라 빼는 건 엄청난 차이가 있다. 정석대로 잘 가르치고 있는데 자꾸 중간에 빼먹고 압축을 하면 '나쁜 건 천천히' 배우라고 지적해주는 것이 맞다.

편한 건 금방 배워서 써먹고 귀찮고 힘든 건 안 하려고 하면, 그러다가 고객 응대에 대해서도 나쁜 임기응변을 배워서 클레임을 만들기도 한다. 가끔은 직원들끼리 '하지 말자'고 서로 담합하기도 하는데, 그렇게까지 흐르기 전에 직원 교육으로 미리 대비할 수 있어야 한다. 만약에 사장까지 편한 걸 좋아한다면 그곳은 차라리 장사를 접어야 한다.

업종별로 매장별로 상급자와 초보가 팀으로 일하는 곳도 있다. 이럴 때도 사장은 직원 한 사람 한 사람 신경써서 볼 수 있어야 한다. 예를 들어 미용실처럼 헤어디자이너가 있고 보조가 있을 때 상급자도 관리해야 하지만 보조 직원도 살필 수 있어야 한다. 이때 만약 상급자가 에너지 뱀파이어라면 어떻게 해야 할까?

두 가지 방법이 있는데, 첫째는 아래 직원을 강하게 키우는 방법이다. 사람에 따라 좀 다르겠지만 "세상이 원래 그러니까 이겨내야 한다"고 독려하는 것이다. 그렇게 하면 나가는 직원도 있고 참는 직원도 있을 것이다.

둘째는 상급자 직원을 컨트롤할 수 있어야 한다. 그런 직원은 지그시 눌러줄 수 있어야 하는데, 쉬운 일은 아니지만 그게 또 사장의 실력이다. 그런 타입의 사람들은 대체로 기가 세고 얍삽하다. 가스라이팅하듯 여기서 이 말 하고 저기서 저 말 하는 경우도 있다. 사장이 매장에 상주해 있는 경우라면 이런 상황은 최소화할 수 있다. 그러나 사장이 없고 책임자인 매니저가 관리하는 경우라면 이런 일은 많아질 것이다. 이런 사람은 다른 사람 눈치는 안 보지만 사장 눈치는 보는 법이다. 실력 좋은 사장이 통제하면서 힘을 빼주는 것이 가장 효과적이다.

일본의 경우에는 아래 직원이 직장 괴롭힘으로 상사를 그만 두게 만드는 경우도 있다고 하는데, 상급자이든 초보이든 마인드가 안 맞으면 무조건 내보내는 게 사실 맞다. 너무 잘난 직원은 솎아내기를 해야 하는 것처럼 에너지 뱀파이어도 마찬가지다. **좋은 것은 금방 스며들지 않는데, 흙탕물을 일으켜놓으면 금방 나쁜 기운이 퍼지는 법이다.**

◎ '직원'이란 고객의 소리를 듣는 사람. 매장에는 사장과 직원이라는 두 명의 주인이 있다. 큰 주인은 사장이고 작은 주인은 직원이다. 직원은 매장의 불이 안 꺼지게 잘 지켜야 한다. 직원이 작은 주인으로서의 주인정신을 발휘하지 않으면 매장은 망한다. 그래서 사장은 직원에게 너도 주인이라는 교육을 시켜줘야 한다.

◎ 동기부여를 높이는 칭찬과 당근. 열심히 일한 결과 얻어낸 실적을 사장 혼자 가져가기 위해서 생산성을 높이는 것이면 열심히 일할 직원은 없을 것이다. 지금은 보상 개념을 확실히 정립해야 하는 시대이다. 시키는 대로 열심히 생산성을 높여놨는데 자신에게 오는 결괏값은 똑같다면 당연히 일을 안 하기 위해 잔꾀를 부릴 것이다.

◎ 적은 인원으로 생산성을 높이는 급여 체계. 지금은 일할 사람도 없고 직원을 많이 쓸 수는 없지만 성장은 지속해야 한다. 직원 역시 주인의 마인드로 바꿀 수 있도록 유도해야 한다. 직원을 작은 주인으로 승격시켜 일을 열심히 할 동기부여를 하되, 월급 역시 직원 마인드일 때와는 차원이 다르게 많이 줘야 한다.

◎ 더 많이 벌어서 다 같이 나눠갖는 구조. 같이 먹고사는 터전으로 만들 수 없으면 장사는 이제 힘들어진다. 직원이 작은 주인 역할을 하면서 매장을 키워가면 사장이나 직원이나 서로 좋다. 내 욕심을 먼저 버리면 직원과 같이 오래 갈 수 있다.

◎ 복지란 적게 일하고 많이 받는 것. 직원들이 원하는 것은 편하고 안

192

힘들게 일하는 것이다. 편하게 적게 일하면서 많이 받아가는 일은 세상에 없지만 젊은 직원들은 그걸 원한다. 이걸 해줄 수 있으면 직원들을 잘 활용하면서 장사하는 사장이 될 것이다.

◎ 쉰다는 것의 의미. 휴식은 완전히 떠나는 것이다. 그래서 매장에 클레임이 있을 때 나는 담당 직원이 휴무라면 전화하지 말라고 한다. 설사 손님이 찾아왔어도 어떻게든 휴일인 직원을 전화로 소환하지 않고 그 안에서 해결한다. 정말어쩔 수 없는 상황이라면 모르겠지만, 그 사람의 휴식을 회사에서 방해하면 안 된다.

◎ 직원 중에도 진상이 있다. 사장이 매장에 상주해 있지 않고 포스 데이터 매출만 확인하는 경우에는 누가 어떤 고객을 어떻게 응대했는지 모른다. 직원들의 평소 근무 태도를 사장이 정확하게 보고, 뺀질거리며 약삭빠른 사람은 따로 교육을 할 필요가 있다. 역할 분담이 잘 되어야 매장의 멀티태스킹도 가능하기 때문에 사장은 항상 눈여겨봐야 한다.

◎ 장사 철학을 직원과 공유하라. 매장이 같은 콘셉트를 가지고 항상성을 유지하면 고객은 올 때 마다 동일한 서비스를 받을 수 있다. 그것은 고객이 재방문하는 이유가 된다. 이게 가능하려면 사장과 직원은 장사 철학을 공유해야 하고, 직원들끼리 배려가 가능한 환경을 만들어야 한다. 마인드가 맞는 직원과 함께하는 것은 즐겁고도 가장 이상적인 일이 된다.

◎ 숨겨진 문제를 찾는 리스크 관리법. 어느 조직에서든 일하는 분위기를 조성하는 것은 중요하다. 근무에 태만하거나 조직의 분위기를 해치는 직원이 있는 경우에는 팀워크에 금이 가는 상황을 만들기 때문에 생각보다 심각해진다. 장사하는 사장은 그런 분위기까지도 디테일하게 살펴보고 조정할 수 있어야 한다.

내가 심은 나무는
가지치기를 잘해야 오래간다.

The tree I planted live a long time
when it is well pruned.

Chapter.4

모든 교육은
고객 응대에 맞춰라

순발력과 융통성을
키우는 시뮬레이션

직원 교육을 할 때 가장 좋은 건 이론이 아니라 고객 응대를 연습하는 것이다. 직원이 여러 명이면, 한 명은 최근에 목격했던 진상 손님 역할을 하고 다른 한 명이 직원으로서 응대해보는 시뮬레이션 연습을 할 수 있다. **가장 중요한 건 사장이 예리한 눈으로 정확한 피드백을 해주는 것이다.** 매뉴얼이 있다고 해서 절대 직원들끼리 연습하게 하는 건 안 된다. 같은 케이스라고 생각해도 사람에 따라 환경에 따라 변수가 생겨 멘트 하나까지 달라진다. 이런 걸 고려하지 않으면 죽은 교육이 된다.

내가 A라는 질문으로 상황을 유도해도 상대가 매번 B라는 반응만 하는 것은 아니다. 상상하지 못한 반응이 나오는 경우가 워낙 많다. 그래서 **시뮬레이션을 하면서 순발력이 높아진다.** 사장이 주기적으로 계속 피드백해줌으로써 직원들은 서서히 실력이 좋아질 수 있다. 매뉴얼을 만든다고 해도 모든 변수를 다 넣지 못하기 때문에 응용하는 것은 직원의 몫이다. 장사는 고객 응대를 철저히 잘 해야 고객 만족도 높아진다. 직원이 10번의 고객 응대를 해서 10번의 경험치가 생긴다고 한다면, 시뮬레이션 교육으로 다른 직원이 하는 걸 보면 10번의 경험치가 아니라 20번의 경험치가 생기는 효과가 생길 수 있다.

장사를 제대로 배우려면 바쁘고 큰 데 가서 배우라는 건 이런 이유에서다. 임상 경험을 최대한 많이 보는 것이 최고의 훈련이다. 하루에 1팀 받는 직원과 10팀 받는 직원은 경험치와 배움이 다르다. 이게 쌓여서 나중에 5년 뒤, 10년 뒤에 결괏값이 달라진다. 경험치가 적은 직원이 고객이 많이 오는 곳으로 가면 응대가 안 되고 입이 안 떨어진다. 장사하는 매장은 세상 학교다. 중고등학교, 대학교 공부와는 달라서 연차를 따지기보다 세월을 추월해 경험치를 많이 쌓으면 프로가 되고 몸값도 올려 받을 수 있다. 이런 이야기는 직원들에게 동기부여가 된다.

경험치가 차곡차곡 쌓인다

장사를 하면서 가장 어려운 것은 진상고객을 응대하는 것이다. 시뮬레이션에서 이걸 위주로 연습하면 도움이 많이 된다. 우리 안경원에서는 직원들이 여태껏 겪었던 경험을 토대로 진상 고객을 연기한다. 당한 만큼 스트레스 풀듯이 연기하는지라 진짜 잘하는 직원이 많다. 한 사람은 손님, 또 한 사람은 고객 응대를 하는 안경사를 맡아서 하는데, 역할은 돌아가면서 맡는다. 직원이 7명이라 두 사람은 손님과 응대자로 시뮬레이션을 하고 나머지 사람들은 관찰한다.

응대 시뮬레이션을 시키면 5분 정도 소요되는데 그 다음은 관찰자들이 돌아가면서 발표를 한다. 그저 재미로 구경하는 것이 아니기 때문에 문제점이 뭐라고 생각하는지 각자 생각을 발표한다. 이 부분은 잘했고 이 부분은 부족했다고 자기 의견을 이야기한다. 그걸 다 듣고 난 후에는 내가 총평을 해준다. 이러한 문제는 잘못된 것 같다든지 이건 더 디테일하게 해줘야 된다든지 바로 지적해주면 직원들이 잘 알아듣는다. 그때마다 한두 개씩 배우다 보면 직원들도 요령이 생긴다. 직원들에게는 이론적인 것보다 이런 식으로 자기 업종에 맞게 그때그때 계속 시뮬레이션해주는 것이 가장 좋은 교육이다.

직원 수가 적을 때는 돌아가면서 하는 것 없이 매번 그 직원이 역할 훈련을 받을 수 있어서 좋다. 직원이 한 명이면 사장이 진상고객을 하고 직원은 응대자를 하면 된다. 진상고객은 오늘 안 나타나도 내일은 있을 수 있다. 일대일 교육이라면 그때그때 즉흥적으로 바로 필요할 때마다 알려줘도 된다. 직원이 많을 때는 바로 피드백해줄 수 없는 상황이니까 따로 교육 시간을 두겠지

모든 교육은 고객 응대에 맞춰라 ─────

만, 직원이 적다면 굳이 교육 시간을 따로 두지 않아도 된다.

우리 안경원에서는 출근 후 아직 오픈하지 않은 아침 시간에 1시간 동안 시뮬레이션 교육을 한다. 너무 자주 해도 직원들이 싫어하니까 일주일에 한 번, 모든 직원들이 출근하는 토요일로 시간을 정해놓고 한다. 직원들이 교대근무를 하지만 토요일에는 모든 직원이 항상 다 있기 때문에 그날로 정했다. 30분도 좋고 1시간도 좋으니까 정확하게 시간을 정해서 정확한 날짜에 전 직원이 있을 때 주기적으로 하는 것이 핵심이다. 수시로 실시하겠다고 하면 잔소리가 되기 때문에 시간을 매뉴얼화해야 직원들은 '당연히 해야 한다'고 느낄 것이다. 만약 매일 하고 싶다면 아침 조회시간마다 하면 될 것이다.

멀티태스킹을 훈련하라

시뮬레이션이 좋은 것은 멀티태스킹을 훈련할 수 있다는 것이다. 시뮬레이션은 인위적으로 최악의 극한 상황을 만들어서 하기 때문에 직원들 훈련이 가능한 것이다. 최근에 우리 안경원은 직원 수는 적어도 매출은 높이는 구조로 바꿨기 때문에 멀티태스킹 능력이 중요해졌다. 고객 응대와 판매방법을 익힐 때 직원 한 사람이 최소한 3명은 받을 수 있는 테크닉을 가져야 한다고 목표를 정했다. 예약제 매장이라면 모르겠지만 보통의 매장들은 특정 시간에 손님이 몰린다. 고객은 라이프 스타일과 소비

패턴이 비슷하기 때문이다. 식당 같으면 점심 시간, 저녁 시간 등 손님이 몰리는 정해진 시간대가 있다. 이럴 때 일대일 고객 응대를 신경써서 해주려면 직원이 한도 끝도 없이 필요하다. 그런데 12시간 동안 오픈이라 해도 12시간 내내 손님이 많이 들어오는 게 아니기 때문에 직원 수를 마냥 늘릴 수는 없다.

적은 인원으로 고객 응대가 되려면 기본적으로 직원 한 사람당 두세 명은 접객을 할 수 있어야 한다. 이 부분을 훈련시키지 않고 놔두면 직원들은 자기 앞에 있는 고객에게만 집중한다. 지금은 사장은 물론 직원까지 시야가 넓어야 하는 시대다. 앞에서 응대하고 있는 고객도 중요하지만, 지금 매장 안에 이미 들어와 있는 모든 고객이 케어를 받아야 한다.

안경원은 응대하는 고객이 다양한다. 안경 맞추러 온 고객, 안경 찾으러 온 고객, 수리 맡기러 온 고객, 수리 찾으러 온 고객 등 그때그때 상황에 따라 앞에 있는 사람을 응대해줘야 한다. 만약에 나 혼자 있는데 클레임 손님을 응대하느라 시간이 길어졌다면, 나머지 고객들은 마냥 기다리게 된다. 당연히 불평불만이 높아질 것이다.

옛날부터 혼자 장사를 해본 사장들은 모든 고객에게 신경을 쓴다. 그러나 직원들은 그렇지 않다. 눈앞에 있는 고객을 응대하느라 어쩔 수 없다고 생각한다. '내가 지금 최선을 다해 일을 하고 있는데 어쩌란 말인가? 내가 몸이 두 개가 아니잖아'라고 생각하기 마련이다. 서비스업은 그렇게 하면 안 된다는 걸 인지시키고, 한 사람이 최소한 두세 명 정도는 멀티태스킹으로 받아줘야 한다는 걸 체득시켜야 한다.

숫자는 위험한 멘트다

고객 응대를 하면서 변수가 생기는 상황은 비일비재하게 많이 있다. 우리 매장은 번호표 뽑는 기계가 있어서 번호 순서대로 응대하는 시스템인데도 기다리는 고객의 불만은 똑같다. 은행에서 번호표를 뽑으면 무조건 기다리지만, 매장에서는 꼭 그렇지가 않다. 우리나라 사람들은 특히 기다리는 걸 싫어하고 '나는 고객이니까 빨리 응대해줘야 돼'라는 생각을 갖고 있다. "얼마나 기다려야 돼요?"라며 자꾸 물어보는 사람이 많다.

응대는 사실 길어질 수도 있고 짧아질 수도 있기 때문에 정확한 건 알 수가 없다. 그런데 얼마나 기다려야 하냐는 질문에는 비밀이 숨어 있다. 고객이 기다릴 수 있는 정해진 시간이 있으니까 오래 기다려야 한다면 시간이 얼마 없으니 자신의 스케줄을 다시 조정하겠다는 뜻이다. 이런 속뜻을 알아차리지 못하면 직원들은 동문서답한다. "얼마 걸릴지 잘 모르겠는데요"라고 하면 고객은 더 화가 난다. 차라리 "죄송하지만 오래 걸립니다"라든지 아예 시간을 넉넉하게 이야기해야 한다. 만약 안경원에서 앞에 손님이 두세 명 있으면 한 사람당 30분 잡고 "한두 시간 기다리

서야 합니다"라고 말하라는 것이다. 길게 시간을 잡아주면 급한 볼일이 있는 고객은 시간을 낭비 없이 쓸 수 있다. 그런데 "빨리 해드릴게요"라고 말하면 고객은 답답하다.

고객이 "도대체 얼마나 기다려요?"라고 할 때 접객하는 직원이 '고객이 나가면 안 된다'는 생각으로 말하면 그게 나중에 독이 된다. "빨리 해준다고 해놓고 내가 지금 바빠 죽겠는데"라고 화내는 경우도 허다하다. "15분이면 된다면서요. 15분이 지났는데 왜 안 된 거예요"라고 하면서 다그치기 시작한다.

이럴 때 직원들에게 알려줘야 할 건 숫자는 위험한 멘트라는 것이다. 이 점을 놓치면 안 된다. 숫자를 내 입으로 내뱉는 순간 그것은 기준이 되고 나를 옭아맨다. 얼마 지나면 안경이 완성되냐는 질문에 "10분이면 되겠습니다" 하면 10분이 인내심의 기준이 된다. 스스로 숫자를 말함으로써 기준을 만들면 자기 덫에 걸리는 것이다. 직원이 10분을 이야기했으니 고객은 10분만 기다릴 것이다. 10분을 넘어서면 약속을 안 지킨 것이 된다. 곧이곧대로 말하는 건 초짜들의 실수다. 고수들은 여러 가지 변수들을 고려해서 넉넉하게 시간을 잡는다.

초보자들은 빨리 해주는 게 경쟁력이라는 데서 생각이 그친다. 그러나 순발력이 있는 사람은 생색을 낼 수 있는 상황을 만든다. 예를 들어 30분 걸린다고 했다가 10분 만에 만들어주면 생색이 난다. "오래 걸릴 것 같아서 새치기해서 먼저 만들어드렸습니다" 하면 사실은 새치기한 적 없지만 고객은 고마워한다. 30분이라는 마음의 여유를 가지고 있었는데 10분 만에 떡하니 해주면 20분 시간을 번 것이다.

그런데 초보자들은 안 밀려 있으니까 빨리 하겠다고 있는 그대로 이야기한다. 문제는 일을 하다 보면 변수가 생길 수 있다는 것이다. 지금 상황으로는 10분만 하면 충분히 약속을 지킬 수 있지만, 그 10분 내에 무슨 일이 생길지는 아무도 모른다. 갑자기 어떤 진상고객이 들어온다든지 해서 일이 지체되면 약속을 못 지키면서 욕을 먹기 십상이다. 그런 함정을 스스로 팔 필요가 없다. 이런 걸 시뮬레이션을 통해서 자꾸 교육시켜 주지 않으면 자기 덫에 빠지곤 한다.

그런데 또 융통성이 필요한 경우가 있다. 심각한 상황이라 진짜 빨리 해줘야 하는 경우도 분명 있다. 그걸 놓치고 또 매뉴얼대로 하면 사고가 난다. 급한지 아닌지 직원이 판단하지 못해서 실수하는 경우가 있다. 사안이 심각하면 시간을 끌지 말고 열 일 제쳐놓고 해결해야 한다. 예를 들면, 이미 클레임이 한 번 났었는데 두 번째 클레임이 또 걸린 고객이 있다. 처음이라면 고객도 어느 정도 이해해주는 모습을 보이지만, 두 번째로 비슷한 일이 또 발생했는데 시간을 길게 끌면 큰일난다. 이럴 때 기다리게 하면 그동안 아무리 많은 노력을 했어도 다 필요없다. 한마디로 안경을 집어던지고 싶은 일인지 판단해보는 것이다.

이럴 때는 시간을 무시하고 최대한 빨리 해줘야 한다. 열 일 제쳐놓고 무조건 이걸 해결해야 한다. 그런데 고객이 급한지 화가 났는지 주의를 기울이지 않는 직원들이 많다. 요즘 젊은이들은 이런 걸 더 파악하지 못한다. 남을 살피지 못하고 자신 위주로 생각한다. 그러면 고객은 더 화가 나고 결정적으로 다시는 매장에 안 오고 말 것이다. 은행 같은 곳이야 본인이 답답하면 또 가겠지만 장사하는 곳은 그러면 끝이다.

멀티태스킹이
가능해야 실력자다

　장사는 젊어서 하라는 말이 있다. 그만큼 체력이 좋아야 하기 때문이다. 젊어서 장사를 하면 시간도 노동량도 더 많이 쓸 수 있다. 20대 30대 사장은 12시간 일할 수 있지만 50대가 됐다면 8시간밖에 일을 못 할 수도 있다. 체력도 집중력도 떨어지기 때문이다. 그럴 때는 직원을 써서 더 많은 시간 동안 매장을 오픈하고 더 많은 손님을 받을 수 있도록 세팅해야 한다.

　젊어서 나의 에너지로 장사를 하면 수익을 내가 가져간다. 혼자 할 수 있는 부분은 힘들어도 직접 할 수 있으니까 가져가는 몫도 크다. 12시간 일하면서 1인당 3천만 원 매출을 올려도 혼자 할 수 있으면 직원 안 쓰고 하면 된다. 앞서 직원 1인당 매출 2천만 원은 올려야 한다는 건 안경원의 경우였고, 업종별로 마진율이 다르니까 가이드라인은 자기가 찾으면 된다. 혼자 해보면서 자기가 감당할 수 있는 한계선을 찾고, 내 한계를 넘어섰을 때 직원을 쓰면 된다. 시간은 많고 일에 미친 젊은 사장은 메뉴 개발, 점포 개발, 프랜차이즈 가맹, 직영점 오픈 등을 혼자 다 하면서 1인 3몫을 하는 경우도 많다.

경영과는 달라서 장사는 위임하면 안 된다고 했다. 위임한다는 것은 내가 가져갈 몫을 누군가에게 준다는 의미다. 그래서 일의 개념도 고객 만족과 매출에 관여된 것을 '진짜 일'이라고 규정하는 것이다. 그러나 매출만 늘리느라 직원들을 많이 고용하면 인건비 빼고 나서 남는 게 없다. 매출 위주로 성장했던 시대는 가고 수익 구조를 바꾸는 과정에서 매출 대비 이익금을 높이려면 직원들의 생산성을 높여야 한다. 이것이 핵심이다. 적은 인원으로 직원도 만족시키고 고객도 만족시켜서 결국은 사장이 만족할 수 있어야 한다.

생산성을 높이려면 1인 다역을 할 수 있어야 한다. 매장편에서 고객의 동선을 편하게 짜는 것이 아니라 직원들이 움직이는 동선을 짧게 만들어야 한다고 했던 이유가 여기에 있다. 동선을 줄이면 1인 다역이 가능하고 생산성이 높아진다. 같은 일을 해도 덜 피곤하기 때문이다.

고객 응대를 할 때 말을 적게 하는 구조를 만드는 것도 중요하다. 공간 구조를 잘 짜고 직원 교육을 잘 시키면 말을 많이 안 해

모든 교육은 고객 응대에 맞춰라 ———

도 된다. 물건이 어디에 놓여 있느냐에 따라서 고객이 자꾸 물어보고 그걸 일일이 대답해줘야 할 수도 있다. 위치만 바꿔도 말을 덜할 수 있다. 수납공간이 많이 있어야 하는 이유도 정리를 잘 해두면 어디에 뭐가 있는지 빨리 잘 찾기 때문이다.

손님 두세 팀을 동시에 응대하기

앞으로 모든 기업이나 장사하는 매장은 '멀티태스킹이 되는가'에 화두가 있다고 생각한다. 예전에 비해 인건비가 높아진 지금은 분업화해서 일할 만한 여력이 없다. 직원들도 이걸 알아야 한다. 앞으로는 그 비싼 값을 하는 사람만이 살아남을 수 있을 것이다. 사람은 많은데 일할 사람이 없다고 하는 건 그만큼 멀티태스킹 능력을 갖춘 사람이 적기 때문이다. "저는 이것만 할래요", "적게 받고 조금 일할래요" 이런 태도를 가진 사람은 이제 설 자리가 없어진다는 말이다. 같은 비용이라도 멀티태스킹이 가능한 사람만 쓰게 되면 지금까지의 임금 체계는 무너질 것이다.

1인 다역을 하면서도 고객만족은 떨어지면 안 되는데, 멀티태스킹을 하다 보면 위기의 순간들이 올 것이다. 그걸 최소화하는 것이 오너들의 숙제이며 실력이다. 이걸 잘 하면 경쟁력 있는 매장이 되고 실속까지 갖출 것이다.

앞서 말한 대로 사장은 직원들이 메인이 되는 일에 집중할 수 있도록 잡일을 아르바이트로 돌리면 제일 좋다. 옛날에는 직원에게 모든 일을 다 시켰다면 이제는 포지션에 따라 조정을 해줘야 한다. 생산성을 높이기 위해서 안 해도 되는 부분은 외주로 돌리는 것이다. 멀티태스킹이라는 단어만 보면 모든 일을 다 잘해야 된다고 오해할 수 있는데, 고객 응대와 매출을 올리는 것을 중심으로 멀티태스킹을 해야 한다는 점이 포인트다.

멀티태스킹이 가능하다는 것은 고객 응대와 판매에서 두세 팀을 동시에 응대한다는 것이다. 옷이든 안경이든 특정 시간대에 손님이 집중적으로 몰리는데 눈앞에 있는 손님만 상대하면 나머지 손님들은 방치된다. 고객은 가만히 뒀을 때 그 짧은 시간 동안 그 매장을 자기 기준으로 평가한다. 그러면 따뜻한 마음으로 왔다가도 차가운 마음으로 돌변한다. '물건도 별로 없고, 뭐 별로네' 이런 식으로 생각한다. 그냥 쓱 보고 혼자 생각해서 매장을 부정적으로 평가하는 것이 응대를 안 할 때 벌어지는 참상이다.

직원이 바쁜 걸 고객들도 다 이해한다. 그러나 기다리게 해서는 안 된다. 고객은 기다리는 순간에 이상한 생각을 자기 나름대로 하기 때문에 생각할 기회를 주면 안 된다. 고객은 아주 예민해서 찰나에 변심하기 때문이다. 그래서 생각을 차단하려면 내가 즉각 응대하는 수밖에 없다.

손님 한 팀을 받았으면 거기에만 온전히 집중해 처음부터 끝

모든 교육은 고객 응대에 맞춰라 ────

까지 쭉 응대를 마치지 않으면 그 손님에 대한 예의가 아니라고 생각하는 직원들이 많은데, 그렇지 않다. 일대일로만 계속 하면 생산성은 떨어진다. 예를 들어, 안경원이라면 한 팀이 안경테를 구경하고 있는 동안 안경을 찾으러 온 다른 팀을 응대할 수 있다. 시간을 잘 쓰면 매장에 들어오는 모든 손님에게 신경써줄 수 있다. 이 손님한테 잠깐 인사하고 저 손님한테 구경하라고 함으로써 시간을 버는 식으로, 주어진 시간 안에서 적절히 에너지를 배분하는 것이 장사의 멀티태스킹이다. 직원을 많이 써서 고객들을 한 명씩 응대했던 예전과 달리 지금은 직원 수가 줄었으니까 어떻게든 틈새 활용을 잘 해야 한다.

직원이 바쁜 걸 손님도 이해한다

옷집이라면 한 명이 입어보는 동안 다른 사람에게 색깔을 골라주는 등으로 모두에게 관심을 가지는 연습을 해야 한다. 고객은 잠깐만 관심을 가져줘도 시간을 벌 수 있다. 잘하는 직원은 상담하고 있다가 새로운 고객이 들어오면 "고객님 잠시만요" 하고 새로운 분한테는 "어서 오세요. 이분 응대하고 안내해드릴게요" 하든가, "보고 계시다가 필요한 게 있으면 절 부르세요"라고 말하고 원래 상담하고 있던 고객에게 돌아올 것이다. 이런 게 훈련돼 있으면 두세 팀도 받을 수 있다. **그런 복수 응대를 직원에게 자꾸 시켜봐야 한다.**

입장을 바꿔서 설명해주면 직원도 안다. "너도 손님으로 물건 사러 갔는데 직원이 다른 손님 받고 있다고 너를 본 체 만 체하며 응대 안 해주면 거기서 물건을 살까?"

만약 주말에 고객이 몰리는 옷가게라면 옷을 입어보라고 피팅룸에 들여보낼 때 보통은 "입어보세요" 하고 끝이다. 그런데 "입고 나오셔서 저 부르세요"라고 말하면 많이 달라진다. "보시다가 궁금한 거 있으면 저 불러주세요"라는 식으로 말하면, 손님은 생각보다 아주 말을 잘 들어서 말한 대로 직원을 부른다. 그런 말이 없었을 때는 직원이 다른 손님이랑 뭔가 하고 있으면 '어, 직원이 바쁜 것 같은데 불러도 되나?' 하며 눈치를 본다.

손님은 피팅룸에서 나왔을 때 어울리는지 몸에 맞는지 평가받고 싶거나 구매를 결정할 만한 이야기를 듣기 원한다. 부르라는 말을 못 들었으니까 '오겠지' 하고 기다리던 손님은 직원이 안 오면 화가 난다. 그러면 그 사이에 다시 갈아입고 꼭 필요한 게 아니었다면 "다음에 올게요"라는 말을 남기며 가버린다.

팀워크가 좋은 매장에서는 손님이 옷을 여러 개 입어보고 있어서 시간이 걸릴 때는 "입어보시고 마음에 드셔서 결정하실 거면 저분한테 결제하세요"라고 하는 곳도 있다. 그 손님이 피팅룸을 들락거리는 동안 다른 손님을 응대하기 위해서다. 그리고는 손님이 구매하고 나갈 때 인사 한 마디 덧붙이면서 아는 척한다면 금상첨화다. 손님들은 의외로 이럴 땐 이렇게, 저럴 땐 저렇게 하라고 알려주는 걸 잘 따르면서 좋아한다.

손님들 중에는 그저 '구경하다가 맘에 드는 게 있으면 사고, 아니면 말고'라는 마음인 사람이 많다. 그래서 행동을 명령어처럼 입력시켜 주면 귀담아서 하게 된다. 특정 메뉴를 꼭 먹기 위해서 식당을 방문하는 것이 아닌 이상, 매장에서 구매를 할 수도 있고 안 할 수도 있다. 이런 '선택'이 들어가는 매장은 정확하게 직원이 "이렇게 하세요"라고 행동강령을 주면 알게 모르게 하게 돼 있다.

'왜 나한테 온전히 신경 안 쓰고 저 사람한테 가냐?'고 생각하는 건 진상 고객뿐이다. 고객이 많으면 오히려 '이 집이 잘 되는 곳이구나', '저 사람이 장사를 잘하는가 보다'라고 생각해서 또 오게 된다. 그래서 장사가 잘되는 집은 복수응대를 잘 가르친다. 젊은 직원들은 처음에는 못하지만 자꾸 알려주면 이해하고 나중에는 쉽게 할 수 있다.

장사 센스를 연습시켜라

어느 날 안경사 후배에게 전화가 왔는데, 직원 때문에 화가 난다는 내용이었다. 이 후배는 아내와 함께 매장을 두 개 운영하고 있는데, 아기를 낳은 후로 아내가 자주 나오지 못해서 혼자서 두 개 매장을 왔다 갔다 하고 있다. 하나는 100평의 큰 매장이고 하나는 30평 정도의 작은 매장인데, 큰 매장에 사장이 주로 상주하고 작은 매장은 오래 된 것이라서 직원들에게 주로 맡겨놓고 하루에 한 번 정도 가고 있다.

후배는 직원이 장사 센스가 없어서 속이 터진다면서 이야기를 들려주었다. 손님이 와서 검안을 하고 렌즈를 선택하고 있었는데, 이 손님은 좀 비싼 걸 상담하고 있었다. 거의 90% 마음의 결정을 하고 마지막으로 손님이 질문을 던졌다. "이 렌즈 얼마

모든 교육은 고객 응대에 맞춰라 ———

정도 쓸 수 있어요?" 사용기간을 묻는 질문에 직원은 "한 1, 2년 쓸 걸요" 하고 답했다. 그후로 어떻게 됐을까. 손님은 "그냥 싼 걸로 해서 자주 바꿀게요"라고 했다.

"1, 2년 가요"라고 단정적으로 얘기하면 '그거밖에 못써?'라는 생각에 기분이 나빠져서 '그럴 거면 그냥 싼 거 하지' 생각하게 된다. 마지막 질문에 답만 잘 했으면 판매가 이뤄지는 건데 직원이 센스가 없었던 것이다. 사실 직원의 대답이 틀린 것은 아니다. 1년 썼는데 흠집이 나면 70%의 사람은 렌즈를 바꾼다. 고가가 아닌 이상 대부분은 1, 2년 쓰면 기스가 안 날 수는 없다. 직원이 알고 있는 기준으로 보통 1, 2년 쓰면 기스가 나니까 착한 대답을 한 것이다. 그런데 이렇게 **숫자로 한정짓는 화법은 주의해야 한다. 그렇게 단답형으로 1, 2년이라고 단정하면 누구라도 좋은 상품은 외면할 것이다.**

손님이 가고 나서 사장은 한숨을 쉬었다. 사용하는 사람에 따라 달라지니까 좀 길게 얘기해도 됐다. "잘 쓰면 5년 정도까지 쓰시는 분 있어요"라고 말하면 고객은 '5년'이 귀에 들어온다. 다만 이럴 때 '잘 쓰면'이라는 단서 조항을 달아주는 것이 중요하다. 사람에 따라서는 5년도 쓸 수도 있고 험하게 쓰면 짧아질 수 있다는 말이다. 수천만 원짜리 자동차도 관리를 잘 하느냐 아니냐에 따라 오래 쓸 수 있는 것처럼, 안경도 꼼꼼한 분은 5년을 써도 흠집 하나 없이 깨끗하게 쓰는 사람이 있다. "와, 이거 어떻게 관리했나요?" 할 정도다.

후배는 나에게 "어떻게 하면 되느냐"고 물었다. "직원들은 어쩔 수가 없다. 장사 센스까지 원한다면 사장인 네가 상주해야 된다"고 나는 대답했다. 매장의 가치(예를 들면 위치)와 직원의 가치와 사장의 가치가 더해져야 그 매장이 지닌 총합의 가치가 나온다. 사장이 없는 곳은 사장의 가치가 0이기 때문에 사장이 컨트롤해야 하는 직원의 가치도 높아지기는 힘들다.

개선하는 방법은 사장이 상주를 하든가 처음부터 끝까지 사소한 것들을 교육시키는 것이다. 그러나 하루에 한 번 가서 잔소리하는 것은 역효과를 낼 것이다. 사장은 사장대로 열이 나고 직원은 '올 때마다 잔소리한다'고 생각하다가 서로 보기 싫어질 것이다. 그렇지 않으면 포기하고 어떻게든 매장의 가치를 높이는 데 집중할 수밖에 없다.

고객의 방문 목적을 파악하는 질문

멘트 하나만 잘 했어도 매출이 올라갈 수 있는데 그걸 놓치는 경우는 비일비재하다. 우리 안경원에서 시뮬레이션 교육을 할 때 한번은 신입 직원에게 응대를 해보라고 했더니 처음 온 고객 설정이었는데 "뭐 찾으시는 거 있으세요?"라고 했다. 고객이 찾는 게 확실히 있어야만 온다는 생각인 것이다. 처음 방문이라 우리 안경원이 어떤 스타일인지도 잘 모를 텐데 특정한 걸 생각하

모든 교육은 고객 응대에 맞춰라 ────

고 왔을 가능성은 낮다. 이런 질문에 고객은 할 말이 없다. 응대 방법을 잘 모르는 것이다.

안경에는 비싼 것도 있고 싼 것도 있다. 종류가 많은데 그걸 처음부터 다 보여줄 수는 없다. 그렇다고 요즘 고객들이 뭘 사러 왔다고 얘기도 잘 안 한다. '당신이 나한테 권해보세요' 하는 입장이다. 그럴 때는 질문을 해서 고객을 파악해야 한다. 고객 응대에서 제일 중요한 것이 이 질문이다. 질문은 아주 쉬워야 하는데, **만족도를 높이려면 이 사람이 싼 걸 원하는지 비싼 걸 원하는지부터 파악해야 한다.** 싼 걸 하러 왔을 때 싼 것부터 보여주면 응대하는 사람도 에너지를 절약할 수 있고, 좋은 걸 하러 온 사람에게는 비싼 걸 보여주면 리스크를 줄일 수 있다. 그걸 캐치하지 못하고 잘못하면 싼 걸 원하는 손님은 비싸다고 나가버리고, 비싼 걸 원하는 손님에게는 많은 것들을 보여주다가 30분 만에 끝날 것을 2시간도 걸릴 수 있다.

손님이 어떤 마음으로 왔는지 캐치하기 위해서는 두 마디만 던지면 된다. "신모델로 보여드릴까요? 보편적인 걸로 보여드릴까요?" 이러면 고객 정보를 50% 이상 파악할 수 있다. 손님이 신모델을 찾는다면 비싼 걸 보여주면 되는데 이 사람은 여러 개를 살 수도 있다. "그냥 보편적인 거 보여주세요" 한다면 9천 원짜리부터 보여줘도 된다. "편하게 막 쓸라고요"라고 말하는 사람도 있다. "저렴한 거 보여드릴까요?"라고 말하면 자존심을 긁을 수

216

있어서 불쾌하지 않게 표현을 바꾸는 요령이 필요하다. 서로 불쾌하지 않으면서 싼 걸 산다고 말할 때의 멋쩍음도 해소시킬 수 있다. 또 비싼 거 살 거라고 말했을 때 호구 잡힐까 봐 불안한 마음이 드는 것도 해소해줘야 한다.

시간과 에너지를 효율적으로 쓰는 법

우리 안경원에 5년 경력의 장사를 잘 하는 직원이 있다. 토요일 어느 날 70대 어머니와 50대 아들 손님이 들어왔는데, 그 직원을 찾았다. 그 아들 손님은 일주일 전에 안경을 맞췄는데 만족스러워서 "제가 어머니 모시고 올게요" 했던 사람이었다. 그때 했던 약속대로 어머니 안경을 맞춰드리러 온 것이다.

아들은 외모와 차림새를 보면 경제력이 있어 보이는 사람이었는데, 검사하는 장면을 지켜보면서 "좋은 거 해주세요. 검사 꼼꼼히 해주세요" 두 마디를 했다. 그러다가 밖에서 주차장의 차를 빼달라고 차번호를 부르는 소리가 들려서, 아들 손님이 나갔다 들어왔다. 검사가 끝나고 안경테는 원래 쓰던 걸 쓰겠다고 해서 렌즈를 고르기 위해 자리를 옮겼다.

우리 안경원에는 렌즈설명실이 따로 있는데 여기 들어가면서도 아들이 또 하는 말이 "좋은 거 해주세요"였다. 직원이 앉아서 설명하고 있었는데 5분 정도 지나자 또 다른 사람이 차를 빼달라고 요청했다. 아들 손님은 2차로 자리를 또 비웠다. 그때 어머니는 "돋보기인데 좋은 거 안 해도 된다"고 하고, 아들은 "좋은 거 해야 된다"는 실랑이를 하는 중이었다. 아들이 나가 있는 사이에 직원은 어머니에게 설명을 계속 하고 있었다. 아들이 다시 들어와서 간곡히 말하니까 결국엔 좋은 걸 하게 됐다.

손님들이 가고 나서 나는 직원을 불렀다. "오늘 매뉴얼대로 정상적으로 잘했다. 그런데 내가 보는 관점에서 문제가 몇 가지 있었어." 중요한 포인트는 두 가지였다. 먼저, 이 팀에서 주 고객은 누구였을까? 직원은 어머니라고 대답했지만, 여기서 주 고객은 돈을 지불하는 사람이다. 직원은 그걸 놓친 것이다. 아들은 분명히 좋은 걸 해달라고 강조했다. 저가부터 보여주면서 고가로 바꿔서 보여주는 것이 보통의 매뉴얼대로 하는 방법이지만, 이 손님은 고가부터 보여줘야 했다. 그런데 직원은 좋은 거 할 필요없다는 어머니에 맞춰 저가부터 열심히 설명하고 있었다.

"어머니가 자꾸 싼 거 해달라고 하셔서요." 직원은 그랬지만 부모 마음을 잘 헤아려봐야 한다. 물론 자식한테 뽑아 먹으려고 하는 부모도 있지만, 대부분의 부모는 자식한테 부담주기 싫어서 됐다고 말한다. 형식적으로 하는 말에 꽂혀서 자꾸 싼 것만 설명하는 건 장사 센스가 없는 것이다. 설사 비싼 걸 해도 집에 가면 부모는 "우리 아들이 좋은 안경 맞춰줬다."라면서 친구들한테 자랑을 할 것이다.

아들은 전에 왔을 때도 독일제 자이스 렌즈로 구매했는데 이번에도 좋은 걸 해달라고 했으니까 "독일제 보여드릴까요?" 한 마디만 했어도 에너지를 절약할 수 있었다. 에너지는 곧 돈이다. 굳이 에너지 소모가 필요없을 때는 아껴야 된다.

두 번째 포인트는 주차 문제다. 1차로 아들 손님이 나갔을 때는 검사를 할 때라서 상관없었다. 그런데 2차로 주차 문제가 나왔을 때는 구매 결정권이 있는 이 사람이 밖으로 나가게 하면 안 됐다. 그때는 차키를 받아서 옆에 있는 직원에게 차 좀 빼달라고 전달을 했어야 맞다. 만약 아들이 차 키를 남한테 주는 걸 꺼려하는 사람이라서 또 나갔다면, 어머니한테 "잠깐만 앉아 계세요. 아드님 오시면 같이 설명해드릴게요"라고 하면 됐다. 아들이 나가고 없는 상태에서는 아무리 설명해봐야 어머니는 아무런 결정권이 없다.

직원은 직원대로 에너지 낭비하고, 아들은 두 번 주차하고, 어머니는 전문적인 내용 이해하기도 힘든데 설명을 두 번 들었다. 직원에게도 장사의 끼가 있어야 하는데 그게 부족했던 것이다. 장사의 끼는 센스일 수도 있고 임기응변일 수도 있다. 표현은 뭐가 됐든 이걸 발휘해야 효율적으로 고객 만족을 높이는 에너지를 쓸 수 있다. "모든 고객들한테 친절하게 최대의 서비스를 해라"라고 교육하지만, 현실에서는 상황에 맞는 융통성이 필요하다. 매번 힘만 들이다가는 나중에 진짜로 에너지를 쏟아야 할 손님에게는 에너지가 달린다. 우리가 하루에 쓸 수 있는 에너지량은 정해져 있다. 고수들은 에너지를 비축해놨다가 진짜 쓸 때 쓴다. 사소한 것 하나하나 순간적인 판단력을 발휘할 수 있어야 고객도 만족하고 판매도 빨리 끝나고 직원은 말을 적게 해도 된다.

직원이 딱히 잘못한 건 없었지만 그런 허점이 오너한테는 보인다. 물론 이 직원은 비싼 걸 팔았기 때문에 고과로 하면 A가 나올 만한 직원이지만 이런 작은 것까지 센스를 갖추면 퍼펙트한 A+가 되는 것이다.

상황별
현실적인 대처법

직원 교육은 고객 응대에 포커스를 맞춰서 해야 하는데, 어려워하는 것 중 하나가 클레임이 발생했을 때 대처하는 요령이다. 이걸 잘하는 직원도 있지만 익숙하지 않은 초보들은 핑계를 대거나 설명을 시도하는 경우가 많다. 직원들은 본능적으로 "내 잘못 아니에요"에 해당하는 핑계나 변명을 한다. 그 다음 많이 하는 행동은 **고객을 가르치려고 하는 것이다.** 설명을 하는데 "눈은 원래 그래요", "안경은 이런 거예요"라는 식으로 말하는 것이다.

사실 고객들은 제품에 대한 설명이라든지 이론을 설명하는 것도 싫어하는 경우가 많다. 그들만의 전문 지식부터 들이대는 것처럼 느껴지면 고객은 반감이 생긴다. 그럴 때는 누구나 알 수 있는 말로 설명을 시도해야 한다. 물론 쉬운 일은 아니라서 나도 가끔은 고객 만족이 힘들다. 안경테 다리 모양이 가느다란 두 줄로 돼 있는 걸 들고 온 손님이 있었다. 렌즈와 연결되는 쪽이 두 가닥으로 디자인돼 있었는데, 손님은 산 지 얼마 안 된 안경테가 부러졌다면서 속상해했다. "두꺼운 테보다는 두 줄로 돼 있으면 부러질 확률이 높지 않나요?" 하니까, 손님은 "왜 나를 가르치려고 하세요"라고 화를 냈다. 설명을 해주려는 시도였어도 고객은 미묘하게 기분이 나빠질 수 있다. 원론적인 이야기를 할 때 고객은 화가 난다. "이 제품은 원래 이렇게 약해요"라는 식이면 '이렇게 약한 걸 알면서 왜 팔았어? 그걸 팔 때 얘기했어야지'라고 생각할 것이다.

가장 좋은 건 보편적인 일상생활에서 빗대어 이해시키는 것이다. 전문 용어, 업계 용어는 일절 쓰지 않는 것을 원칙으로 하고 아주 쉽게 말해야 한다. 이럴 때 전문가적으로 접근하면 클레임이 더 커진다. 만약에 비싼 프라다(PRADA) 명품 안경테를 쓰다가 부러졌다면, 안경원에서 팔았으니 안경원에서 책임지라며 강하게 얘기하는 사람이 있다. 이럴 때 "안경테는 공장에서 만들고 우리 안경사는 렌즈만 조제합니다"라고 하면 화가 더 난다. 대신에 "자동차도 고장나면 판매한 대리점에 가서 고쳐 달라고 하지 않고 수리하는 서비스센터에 가서 고치잖아요. 휴대폰도 그렇고요. 안경도 똑같습니다"라고 하면 고객도 이해한다.

간혹 여기서도 물러서지 않고 "이게 자동차하고 똑같아? 비교를 해도 어떻게 차를 가지고 하냐?"라고 하는 사람도 있다. 화가 난 사람에게 '사용하다가 고장난 건 사용자 과실'이라는 걸 직접적으로 말할 수가 없으니까 간접적으로 설명한 것인데, 그래도 이해가 안 된다면 소비자보호원에 접수하라고 하는 수밖에 없다. 내 책임이 아닌 걸 가지고 계속 싸우고 있을 수 없기 때문이다.

끌려다니지 않고 상황을 장악하는 법

엄마가 아이를 데리고 안경을 맞추러 왔는데 "여기 다초점렌즈 얼마예요?"라고 물었다. 가장 많이 묻는 질문이라 그 모습을 보고 직원 두 명에게 숙제를 냈다. "손님이 다초점렌즈의 가격을 묻는 상황이다. 어떻게 하면 될까?" 며칠 전에 필독서로 줬던 책이 있는데 거기에 나왔던 내용을 상기시켜 주었다. **"고객이 물으면 화법을 바꿔라."** 다른 데보다 가격이 높지 않은지 알고 싶어서 묻는 건데 비교당하지 않으려면 비교 대상을 바꿔야 한다.

직원들이 주말에 커피숍에 앉아서 책을 두 번 세 번 읽었는데 어떻게 해야 비교를 안 당할 수 있는지 도저히 모르겠다고 이야기를 했다. 내가 알려준 방법은 대화의 주제를 바꾸는 요령에 있었다. 손님은 가격을 물었지만 접근을 바꾸는 것이다. "다초점렌즈는 아무나 쓰는 렌즈가 아닙니다. 적응해서 잘 쓰는 사람도 있고 못 쓰는 사람도 있습니다. 그걸 확인하는 게 우선이지 가격은 나중 문제입니다. 검사 먼저 해드릴까요?"라고 방향을 바꾼다. 다초점렌즈를 못 쓸 것 같으면 가격은 필요없으니까 이렇게 하면 먼저 테스트해 달라고 하는 사람이 70~80%는 될 것이다.

그래도 간혹 가격을 또 묻는 사람이 있는데 그땐 어쩔 수 없이 가격을 알려준다. 원칙은 제일 싼 것부터 알려주는 것이다. "8만 원대부터 있는데 금액이 비싸다고 다 좋은 건 아닙니다. 사람에 따라 싼 거 해도 되는 사람이 있고 비싼 거 해야 되는 사람이 있으니까 일단 검사가 먼저입니다." 이러면 검사실로 들어가게 되고, 구매 확률은 높아진다. 검사에 응한다는 건 할 마음이 50% 이상이라는 뜻이다. 구매 설득은 이후에 해도 늦지 않다.

고객이 가격을 물었을 때 "8만 원부터 여러 가지입니다" 하면 전국 어디에서도 들을 수 있는 대답이 된다. 종류가 많다는 건 누구나 아는데 상식적인 얘기를 해봐야 소용없다. 가격을 묻는 뒤에 숨겨진 뜻은 "여기 싸게 해줄 수 있어요?"라는 의미다. 좋은 제품을 싸게 사고 싶은 소비자 입장에서는 당연한 행동이다.

고객이 말하는 대로만 다 해주면 장사를 잘하게 되는 건 아니다. **소비자가 실제로 뭘 원하는지 순간적인 감각으로 파악해 흐름을 장악할 수 있어야 한다.** 숨은 본심을 잘 짚어서 해결해주는 사람이 장사의 끼가 있는 사람이다. 겉으로 드러나는 말만 따서 이해하면 장사의 끼를 발휘할 수 없다. 매뉴얼대로 일하는 공무원은 장사를 못한다는 말이 그래서 나왔을 것이다.

장사는 사람과 사람이 마주하는 일이기 때문에 밀고 당기는 기싸움이 벌어지기도 한다. 그런 이유로 너무 저자세로만 대해서는 곤란하다. 특히 직원이 여성일 때, 체격이 왜소할 때, 나이가 어릴 때 손님이 무시하고 막 대하는 경우가 있다. 그럴 때는 단호하게 대처해야 한다. 표정에 인상을 쓸 수는 없기 때문에 그럴 때는 목소리에 단호함을 실어야 한다. 목소리 톤으로 상대방을 제압하지 못하면 질질 끌려다니는 상황이 벌어진다.

장사에서는 단호함도 실력이다. 매장 측에서 명백히 실수한 것이라면 모를까 여기서 약해지면 손님은 더 강하게 간다. 클레임을 걸어왔을 때는 사과부터 하기보다 먼저 상황을 파악해야 한다. 무조건적으로 사과를 하는 순간 마음놓고 갑질이 시작된다. 두세 번은 참다가 과하다 싶은 경계선을 넘어섰을 때는 단호함으로 무장할 수 있는 연습을 시켜야 한다. 무조건 친절하라는 것은 실전에서는 괴리감이 있다.

콘택트렌즈 행사를 한 적이 있다. 최근 안경원에서 콘택트렌즈 판매는 거의 원가 제공이라 남는 게 없는 제살 깎기 경쟁이다. 아큐브 브랜드의 콘택트렌즈를 2만 원대에 판매하는 행사였는데, 남는 게 없어도 손님을 모으는 차원에서 했던 것이다. 젊은 여성이 2개를 샀는데, 직원 한 명이 무조건 친절해야 한다는 마음으로 "가방 하나 드릴까요?" 했다. 손님은 당연히 달라고 했고 포장을 해서 줬다. 손님이 가고 나서 문제를 지적해줬다. "콘택트렌즈는 작으니까 핸드백에 쏙 넣어도 되고 주머니에도 들어가니까 고객이 불편할 건 없다. 아큐브렌즈 행사로 남는 게 없다는 건 너도 알잖아. 친절하게 한다고 남지도 않는 행사 상품에 원가 400원짜리 가방을 끼워주는 건 과잉친절이다. 더군다나 달라는 말도 안 했는데 고객이 원하지도 않는 걸 앞장서서 할 필요는 없다."

적은 돈 같지만 과잉친절을 베풀 때마다 자기 주머니에서 400원씩 빠져나간다고 생각하면 직원도 곤란할 것이다. 의미 있는 친절은 좋은데 의미 없이 베푸는 것은 손해다. **과잉친절은 친절이 아니다. 돈 쓰고도 좋은 소리 못 들을 때도 많다.**

팀워크로 이뤄지는 응대

사장이 없으면 직원들은 매뉴얼대로 하기 마련이다. 무리한 요구를 하는 진상 손님이 있을 때 그걸 들어주면 책임 소재가 생기기 때문에 몸을 사릴 것이다. 좋은 사장만 존재하는 건 아니니까 직원 입장에서는 당연한 일이다. 직원은 고객 편도 아니고 사장 편도 아니다. 자신이 다치지 않기 위해서라도 항상 중립적이다. 원론적인 입장을 고수하는 것이 또 직원이 할 역할이기도 하다.

클레임이 있을 때 손님이 직원을 욕하는 경우는 많지 않다.

일부러 사장이 오버액션으로 직원을 혼내면 손님들은 직원을 보호해주려는 경향이 있다. "뭐라 하지 마세요. 그만 혼내세요. 이 친구 잘못한 거 없어요" 하기도 한다. 직원의 대응이 마음에 안 들었을 때 고객은 "나 저 사람이랑 거래 안 해" 하는 게 아니라 "나 저 가게 다신 안 가"라고 한다. 손님들은 직원이 잘못해도 무조건 사장을 욕한다. "사장이 직원 교육을 잘못 시켰네"라고 한다. 욕을 먹는 건 사장과 그 매장이다.

그래서 장사에서 팀워크는 중요하다. 사장과 직원 사이, 직원과 직원 사이에 관심을 가지고 배려해주면 사고를 줄이고 효과적으로 일할 수 있다. 스포츠로 말하면 개인기로 하는 경기가 아닌 축구나 야구와 비슷하다. 야구장에서 공이 날아오는데 서로 잡으려고 하다가 부딪치면 공을 놓친다. 호흡이 맞는다면 누군가는 "마이 볼"을 외칠 것이고 그 사람만 뛰면 된다. 1인 매장에서는 개인기가 중요하겠지만 직원이 7명 있으면 팀워크가 맞아야 크로스체크를 할 수 있다. 누구나 사람은 실수할 수 있기 때문에 이게 안 되면 서비스 만족에 문제가 생긴다.

장사할 때 평상시 보이지 않는 호흡을 맞춰놓으면 눈으로만 사인해도 충분히 매끄럽게 흘러가고 사고가 안 생긴다. 축구를 할 때 모두가 공격수를 할 수는 없다. 뒤에서 어시스트해주는 선수도 있어야 하고 수비도 막아줘야 한다. 모두 공격을 잘하라고 할 수는 없다. 하지만 자기 포지션에서 할 일을 하고 서로가 그

모든 교육은 고객 응대에 맞춰라 ──────

걸 고맙게 생각해야 한다. 그 팀의 전체 사이클이 맞았기 때문에 결괏값이 나오는 것이다. 골 넣는 사람만 대우해주면 팀워크에 균열이 생길 수 있다. 그래서 우리나라에서는 인센티브 제도가 잘 안 맞는 것이라고 생각한다.

내가 최전선에서 뛰는 동안 누군가는 뒷받침을 해줘야 하고 실수하면 커버해줘야 한다. 팀워크를 유지하려면 선을 넘지 않아야 한다. 이런 게 잘 안 되면 팀워크가 깨지는 경우가 많은데, 팀워크를 맞추기 위해 서로 존댓말을 쓰는 것도 좋은 방법이라고 생각한다. 우리 안경원도 아주 잘하는 건 아니어서 풀어야 할 숙제이기도 하다. 한국 사회에서는 연장자가 말을 놓아버리면 배려와 존중이 흐트러지는 경향이 있다. 조금만 친해지면 말을 놔버리는 경우가 많은데, 일할 동안은 존댓말을 원칙으로 하는 것이 손님들 보기에도 좋다. 매장에 갔는데 누군가 말을 놓는 사람이 있으면 서열이 눈에 들어온다. 그래서 뭔가 요청 사항이 있을 때 그 사람하고만 상대하려고 할 수도 있다.

팀워크 좋은 조직을 만들기 위해서는 사장이 욕심을 내려놓아야 할 필요가 있다. 직원이 여러 명 있다면 모두가 다 잘할 수는 없다는 것을 인지해야 한다. 판매 잘하는 사람도 있고, 어중간한 사람도 있고, 좀 떨어지지만 성실한 사람도 있다. 실력이 달라도 각자의 포지션이 있다. 장사뿐 아니라 모든 조직에 해당하기 때문에 마음에 여유를 가지고 있어야 팀워크를 맞추는 교육을 할 수 있다. 모든 직원이 다 잘해야 된다고 생각하고 잘하는 사람만 골라서 5명 팀을 짜면 매출이 5배로 극대화될까? 현실적으로 그런 일은 나타나지 않는다. 대신 팀워크가 있으면 좀 못하는 직원이 있어도 서로 보완할 수 있다. 잘하는 사람이 있다고 해서 그 사람이 매일 잘하지는 않는다. 인간이기 때문에 컨디션이 안 좋을 때도 있는데, 그럴 때는 희한하게도 다른 직원이 그 자리를 메꿔준다. 누구나 기복이 있고 그걸 보완하는 것이 팀워크다. 사람의 에너지 총량은 정해져 있다. 결국 사장이 마음을 내려놓아야 한다.

과잉친절은
고객에겐 부담이다

처음 새로운 서비스를 받았을 때 고마워하던 고객들도 늘 반복되면 고마움이 없어진다. 중독이 되면 강한 느낌이 사라지는 것이다. 게다가 이제껏 서비스인 줄 알고 받았던 것을 다른 집에 가도 똑같이 해주면 '기본으로 다 해주네' 하면서 만족감이 없어진다.

안경원에서는 코받침을 바꿔주고 안경을 세척해주는 서비스가 그렇다. 경력이 좀 있는 직원들은 이걸 안 해주면 큰일나는 줄 안다. 예전에는 주인에게 이런 교육을 받았다. "따라온 손님이라도 내 고객이 될 수 있으니까 안경도 닦아주고 코받침도 바꿔주고 서비스로 해줄 건 다 해줘라." 처음엔 고객이 고마워했겠지만, 이런 서비스는 몇십 년이 지나니까 당연하게 여기게 됐다.

대형 매장에서 손님이 많은 주말에 줄줄이 기다리는 사람들이 있는데도 이걸 당연히 습관처럼 하고 있으면 고객들의 서비스에 대한 만족도가 오히려 떨어진다. 안경 청소와 코받침 교체를 하는 동안 손님들은 그만큼 더 오래 기다려야 하기 때문이다. 직원 입장에서도 자신은 그만큼의 에너지를 더 썼는데 서비스 만족도가 올라가지 않기 때문에 생산성이 떨어지는 일이 된다.

고객편에서 말하지 않고 코받침을 바꿔줬다가 클레임이 걸려 쓰레기통까지 뒤졌던 이야기를 했다. 지금 시대에는 서비스에 대한 개념을 새롭게 잡아야 할 필요가 있다. '고객을 만족시키는 서비스'란 고객이 부탁하고 요구했을 때만 해주는 것이라고 정의하면 일이 훨씬 효율적으로 바뀐다. **옛날 어른들은 무조건 새것으로 바꿔주면 좋아하는 경향이 있었지만, 지금 사람들은 꼭 그렇진 않다. 고객이 원하지 않았는데도 해주면 곤란한 경우가 있다.** 원하는 걸 기분 좋게 해주면 진짜 만족도가 올라가는데, 그걸 모르는 직원은 묻지도 않고 해주는 걸 친절이라고 생각한다. 그러나 원하지도 않는 걸 해주는 서비스는 과잉친절이라고 규정해야 맞다. 이것은 시대가 바뀌면서 업데이트해야 할 장사 상식이다. 그리고 사장이 직원에게 교육시키고 공유해야 할 사안이다.

우리 안경원에서 배운 직원들은 "과잉친절하지 마라"라는 교육을 항시 받기 때문에 훈련이 돼 있다. 그런데 나이가 좀 있는 경력직원이 들어오면 충돌이 생긴다. 교육훈련을 받기 전까지 경력직원은 손님이 기다리는 동안 안경을 닦아주고 있다. 물론 그의 입장에선 친절을 위한 선한 행동인데, 옆에 있는 직원이 봤을 때는 '어, 우리 집에서는 안 해도 되는데' 하는 생각이 들 것이다.

그래서 덧붙여 교육시키는 것이 있다. "이건 매장마다 다르고 사장마다 가지고 있는 철학에 따라 다르다. 내가 이렇게 교육시킨다고 해서 다른 매장에서 가서도 똑같이 그러면 욕먹을 수 있으니까 상황은 잘 읽어야 한다." 분위기가 다른 매장으로 이직해서 갔는데 여기서 배운 그대로 친절의 개념을 적용해버리면 그건 곤란하다. 그 사장이 예전 방식을 고수한다면 그 사람의 철학에 맞게 따라줘야 한다.

생산성이 떨어지면 고객도 싫어한다

내가 봤을 때는 특히 바쁜 매장에서는 과잉친절을 하면 안된다. 별로 할 일 없이 놀고 있으면 해줘도 되지만 그렇지 않으면 그게 나중에 '일'로 돌아온다. '저번에 있던 직원은 잘해줬는데 직원이 바뀌니까 안 해주네'라는 생각이 드는 순간 항상성에 타격을 입는다. 그 작은 행위 하나로 불만이 고객 이탈로 이어진다.

장사에서 서비스는 친절을 기본으로 해야 하는 건 맞다. 그

런데 과잉친절로 불필요하게 고객의 눈높이를 높이면 고객의 욕심은 끝이 없기 때문에 항상성을 유지할 수 없다. 이걸 모르면 뭐든지 친절하면 된다고 생각해서 일을 그르친다.

좋은 서비스란 직원의 행동과 고객의 요구가 일치할 때 성립되는 것이다. 진짜 서비스는 원하는 걸 해주는 것이다. 직원이 친절이라는 자신의 명분으로 묻지도 않은 걸 해주다 보면 엉뚱한 일을 한 것이 되어 생산성에도 지장을 준다. 고객 만족은 안 나오면서 자신의 에너지만 낭비하는 것이다.

지인과 이야기하다가 "다니던 미용실이 있었는데 앞으로는 안 가려고요" 하길래 무슨 일인지 물어보았다. 어느 날 갔더니 직원이 바뀌었는데 샴푸하는 손이 거칠기에 '직원을 잘못 뽑았구나. 마음고생 좀 하겠는 걸. 그래도 저번 직원보다는 낫다'라고 생각했다. 그런데 알고 보니 저번 직원들이 일을 너무 못해서 동생을 데려왔다는 것이다. 알고 보니 자매였는데 손이 거친 게 이해가 되면서 '그래도 잘했네'라고 생각했다. 그렇게 동생이 와 있고부터 강아지가 와 있고, 원장 친구들이 놀러 와 있었다. 처음엔 '고객이 없는 사이에 친구들이 지나가다 들렀거나 머리를 하러 왔겠지' 생각했다. 이번에 갔을 때는 전화를 하고 "내일 가도 돼요?" 물었는데 사장이 망설이다가 오라고 했다. 다음번에 갔더니 친구들이 또 있었고 우르르 나가는 모습을 보며 '내가 저 사람들 노는데 방해했구나' 싶은 생각이 들었다고 한다.

게다가 결정적인 것은 커피 인심이었다. 전엔 갈 때마다 말을 안 해도 늘 커피를 줬고, 바쁠 때는 "커피 한 잔만 주세요" 하면 즐겁게 갖다줬다고 한다. 그런데 말이 없길래 커피를 달라고 했더니 "커피머신이 고장나서 커피를 못 드리고 있어요. 손님이 커피 티백을 선물로 주고 간 게 있는데 그걸 드릴게요" 했단다. 그 순간 '이제 여기는 안 와야겠다'는 마음이 결정됐다고 한다. 미용실이든 어디든 사소한 것 하나로 마음이 달라지는 일이 있다. 조금만 변해도 항상성이 무너졌다고 느끼는 것이다.

항상성 유지를 위해서는 직원으로 누가 와도 할 수 있는 것으로 세팅해야 한다. 여기에 기복이 있으면 매출이 흔들린다. 내가 "과잉친절하지 마라"라고 자꾸 반복하는 이유가 여기에 있다. 고객이 원하지 않아도 서비스를 해주는 것이 친절로 굳어지면 나중엔 일거리가 된다. 그러면 우리 안경원처럼 바쁜 곳은 적은 수의 직원으로는 유지할 수 없는 곳이 된다. 그런 교육을 받지 않은 직원은 이상하게 생각할 수 있다. '이상하네. 안 해야 될 건 시키고 해야 되는 건 하지 말라 그러네.'

물론 경력직원의 경우에는 오랫동안 굳어진 습관이 있기 때문에 잘 안 바뀔 것이다. 그렇지만 초보 안경사들도 매출을 많이 올리고 손님 더 많이 받는데도 피곤하다 소리가 없는데, 혼자만 힘든 주말 장사를 하고 나면 조금씩 이상하다는 생각을 하게 된다. 다른 직원은 고객을 15팀씩 받아도 괜찮은데 자신만 8팀을 받고 혼자만 "힘들다"라고 하는 건 이상한 일이기 때문이다. 보통 사람들이 생각하는 친절 행동과 대화 기법으로는 효율이 떨어지는 것이다. 말을 많이 하면 무조건 설명을 잘하는 것으로 생각하고 시간을 많이 투자한다든지, 말없이 해주는 것들을 고마워할 것이라는 생각은 착각이다.

이럴 땐 불필요한 행동을 하지는 않는지, 쓸데없는 일을 하고 있지 않은지 가만히 점검해봐야 한다. 이제껏 자신이 하는 일에 대해서 효율성을 생각해보지 않았기 때문에 벌어지는 일이다. 지금 이 사람에게 에너지를 얼마나 소비해서 매출을 올리면 가장 효율적일 것인가, 그런 걸 한 번도 생각해보지 않고 그냥 나와서 일을 해왔다는 뜻이다. 그래놓고 혼자 '나 오늘 열심히 했어' 하면서 스스로 뿌듯해한다. 그러나 에너지는 정해져 있는 것이라서 체력의 분배를 생각하지 않으면 바쁜 매장에서는 멘털이 깨진다.

어떤 직원을 채용할 것인가

장사 철학을 공유하고 팀워크를 맞춰서 일하려면 그래도 마인드가 맞는 사람을 직원으로 맞아들여야 일이 수월해진다. 얼마 전에 우리 직원이 물었다. "대표님은 직원 채용할 때 보는 기준이 있으세요?" 내가 초보 사장일 때와 10년 차, 20년 차, 30년 차일 때 이 기준은 계속 바뀌었다. 시대도 바뀌고 경험도 쌓이다 보니 자연스럽게 바뀌었다.

한동안은 '오는 사람 막지 않고 가는 사람 잡지 않는다'가 채용 기준이었다. 인연이 있으면 같이 일한다는 것으로, 너무 가리는 것보다 기회를 주는 것이 좋지 않을까 싶어서였다. '사람을 어떻게 겉으로 보고 알 수 있어? 이것도 인연인데 오는 사람 웬만하면 채용해봐야지'라고 생각한 것이다. 진짜 이상한 경우가 아니라면 90% 이상 채용되는 것이라 사실상 선착순 채용이라고 해도 좋은 원칙이었다.

이런 생각을 하게 된 것은 결국 나와 마인드가 안 맞는 사람은 떨어져나가기 때문이다. 나는 에프엠대로 시키는 사람이라 직원이 몇 개월 있다가 안 맞으면 알아서 나간다. 아무리 내가 생각한 대로 채용 기준을 정한다고 해도 결국에 끝까지 남는 건 한두 명이다. 나머지는 다 흘러가는 사람이라고 봐도 좋다. 수도 없이 나가고 들어오는 사람들이 있는 것이 세상 이치라는 결론을 내린 것이다.

열 길 물속은 알아도 한 길 사람 속은 모른다 했다. 면접 보면서 자신이 일을 못한다고 할 사람은 없을 것이다. 다들 자신이 우수하다고 말한다. 거짓말을 해도 그걸 짧은 순간에 증명할 길이 없다. 결국 직접 써보고 경험해보는 수밖에 없다. 단 일주일이라도 일하는 걸 봐야 그 사람 자질을 알 수 있다.

같이 일해봐야 파악할 수 있다

사람은 누구나 장점이 있다. 사람을 쓰려면 세 번을 의심하고 쓰기로 했다면 의심하지 말라는 것은 설사 그 사람이 배반을 하더라도 욕하지 말라는 뜻이다. 나는 이 말을 참 좋아하는데, 중요 방점은 뒤에 있다고 생각한다. 사람을 쓰기로 했다면 일단 믿어야 일을 진행할 수 있다. 그런데 사람을 믿다 보면 발등 찍히는 경우도 있다. 그래도 원래 세상 일이 이럴 때도 있고 저럴 때도 있으니 마음 아파하지 말라는 것이다. '의심하지 말라고 했는데 다 내 잘못이지' 하고 생각하면 마음이 가라앉는다.

사람은 잘난 사람도 있고 못난 사람도 있지만, 모두에게 장점은 있다. 장점에 포커스를 맞춰서 역할을 맡으면 일도 잘할 수 있다. 학교에서 선생님이 볼 때 한 반 안에 있는 학생들이 모두 공부를 잘하는 건 아니다. 엄연히 1등부터 꼴등까지 있다. 누구나 공부 잘하는 아이가 될 수는 없기 때문에, 선생님 관점에서 중요한 건 발전하기 위해 노력하는 아이는 예뻐 보인다는 것이다. 해도 안 되는 건 어쩔 수 없지만 노력하면서 뭔가 열중하는 아이는 공부를 못해도 예뻐 보인다. 반면에 공부를 잘한다고 막으스대면 욕은 못하지만 속으로는 못마땅하다.

직장에서도 비슷한 면이 있다. 너무 잘하면 겸손을 가르쳐야 되고 못하면 격려를 해야 된다. 사장 입장에서 봤을 때는 발전하고 성장하는 직원을 원한다. 태어났을 때부터 잘하는 사람은 몇 명 없기 때문에 오늘 못하는 건 상관없지만, 자기 위치에서 열심히 하려고 노력하는 직원인지는 눈여겨본다. 잘하는 직원은 잘하는 대로 겸손한 마음으로 성장하기 위해서 노력하고, 못하는 직원도 성장하기 위해서 노력한다면 그 조직은 잘 된다. 못하는 직원은 사장이 커버해주고 다른 사람들이 도와주면 된다. 도와주는 걸 당연시하지 않고 성장하는 모습을 보인다면 오너 입장에서는 그 모습을 보며 자식 키우는 것 같은 보람을 느끼기도 한다.

결국 직원 채용보다는 채용 후가 더 중요하다. 성장하겠다는 마인드가 맞으면 함께 가는 것이다. 뭔가 해보려고 하지 않고 편하게 제자리에 머물러 있으면서 스트레스를 받는 사람이라면 나와는 헤어지게 될 것이다. 다만 이럴 때는 사고를 치고 나가는 경우가 있기 때문에 그 부분은 조심해야 한다.

직원에 대해서 사장의 취향을 내세우는 경우도 있는데 사실 그런 건 중요하지 않다. 일하러 와서 사장이랑 사귀는 게 아니기 때문에 맡은 일을 성실히 잘하면 되는데, 사회생활을 하는 기본 태도는 갖춰야 한다. **첫째, 근태 관리가 되는지는 중요하다.** 최소한 일하기 5분 전에는 출근을 마친다면 좋다. **둘째, 인사는 잘하는 것이 좋다.** 들어올 때와 나갈 때 사장과 다른 직원에게 인사를 하면 서로 있는지 없는지 알 수 있다. **셋째, 문제가 생겼을 때 거짓말하지 않고 숨기는 것 없이 솔직하게 얘기해야 한다.** 이 부분에서 투명하다면 일 잘하는 실력자가 아니어도 가능성 있는 사람으로 보인다. 아무리 실력이 좋아도 숨기는 게 있는 사람은 꼭 큰 사고를 친다. 실력보다는 성정(性情)이 우선이다.

마지막으로 오너들이 생각해야 할 것은 마음 한켠에 '이 사람은 1년은 있을 거야'라는 식의 기대를 가지지 말라는 것이다. 요즘은 특히 더 심해서 직원을 쓸 때 옛날처럼 오래 일할 것이란

모든 교육은 고객 응대에 맞춰라 ────

생각은 버리는 것이 좋다. 그 마음만 버리면 마인드 컨트롤을 하기에도 수월하고 갑작스러운 빈자리에 대응하기도 수월하다. 직원은 사장이 편하려고 쓰는 게 아니라 고객 응대를 할 때 더 나은 서비스를 하기 위해서 쓰는 것이라고 생각하면 이 부분도 해결될 것이다.

장사에서
직원의 외모가 중요할까?

　면접을 보다 보면 어떤 지원자는 외모가 평균에 너무 못 미쳐서 어디서든 탈락할 것 같은 사람이 있다. 한 번은 '내가 안 받아주면 저 사람은 취직을 못하겠구나' 싶을 정도의 지원자가 있었다. 돼지같이 생겼다는 말을 자주 들을 정도였는데, 대학도 재수를 해서 들어갔고 나이도 있어서 기회가 많지 않을 것 같았다. 거래처나 단골 고객들은 '왜 저런 사람을 뽑았지?' 생각하며 의아해할 정도였다. 마침 같은 시기에 얼굴도 몸매도 잘 빠진 직원들이 있었기 때문에 나는 상쇄가 되어 괜찮을 것이라 생각하고 일할 기회를 줬다.

　한 명이 실력이 좀 못해도 워낙 잘난 사람들이 여럿 있으면 평균이 여전히 높은 상태여서 묻어갈 수가 있다. 냉정하게 생각하면 안 썼을 텐데 안쓰러운 마음에 기회는 줘야겠다고 생각했다. 그 직원이 이런 내 마음을 알아주는 건 아니었다고 해도 그의 첫 직장이 되어주는 것 정도는 할 수 있었다.

보통의 오너들은 큰 매장일수록 더욱더 철저하게 비주얼을 많이 본다. 안경은 패션이기 때문에 직원의 외모도 중요하기 때문이다. 앞선 직원의 경우에는 3년을 근무하지 않으면 가르침을 주지 않겠다며 3년 근속을 약속받고 채용했는데, 직원은 3년 근무의 약속을 지켰다. 내가 직원 채용에서 기회의 평등을 줘야 한다고 생각하게 된 이유가 있다. 내가 직장 구하는 사람의 마음을 잘 알기 때문이다.

나는 돌 전에 소아마비를 앓아서 다리가 불편한 탓에 직장을 구하기가 힘들었다. 안경사가 된 것도 먹고살기 위해서였는데, 졸업 후 직장을 구할 때 면접을 보고 나면 떨어지곤 했다. 그때 나는 독기를 품고 '당신보다 잘 될 거야'라고 마음먹곤 했다. 그 마음을 기억하기 때문에 '누구든 기회는 줘야 된다'고 생각하게 된 것이다. 나 역시 많이 거절당해 봤고 직장을 구하는 애절함을 경험했기 때문에 직원 채용을 할 때도 마음이 쓰인다. 그래서 '웬만하면 안 가린다'가 기준이 된 것이다.

매장 오픈 초기에는 자리를 잡기 위한 노력으로 전략적으로 비주얼을 보고 뽑기도 한다. 잘생긴 얼굴이라기보다 호감형으로 뽑는다. 그러다가 자리를 잡아가면서 점점 마인드 위주로 보고 직원을 뽑는다. 매장에 대한 신뢰가 생긴 상태일 때는 외모가 좀 못나도 상관없다. 정말 흉측해서 놀라게 하는 것이 아닌 이상 동일한 질의 제품과 서비스를 잘 받는 것이 중요하다.

직원 의존도를 줄여라

장사하는 데 가장 골치 아픈 건 직원 문제일 것이다. 식당 같은 곳은 외국인 직원도 많은데, 평균 나이가 올라가는 인구 절벽 상태에서 외국인을 받아들이는 것은 어쩔 수 없는 사회적 상황이기도 하다. 조선족도 이미 인건비가 비싸진 상태라 앞으로는 동남아 직원들도 많아질 것이다. 나는 이걸 부정적으로 보지 않는다. 직원 교육만 잘 됐다면 마인드가 맞는 것이 더 중요하다. 관건은 직원을 교육시킬 수 있는 사장의 테크닉이 있느냐이다. 베트남 사람이든 스리랑카 사람이든 누구한테 배우느냐에 따라서 결과가 달라질 뿐이다.

사장이 해야 할 일은 교육 프로세스를 공부하고 연구하는 것이다. 직원으로 어떤 사람이 들어오는지 연연하지 말고 주인으로서 내 맘대로 매장을 세팅할 수 있는 교육 테크닉을 가지는 것이 더 중요하다. 그것이 바로 실력 좋은 직원이 있어도 직원한테 휘둘리지 않는 방법이다.

장사는 사장이 모든 걸 완벽하게 갖추고 있어야 오래 간다. 사업은 그렇게 하면 못 크지만 장사는 직원에게 의지하면 단번에 흔들릴 수 있다. 직원이 한 명도 없어도 혼자 할 수 있을 만큼 사장은 항상 공부해야 한다. 이 책을 쓰는 것도 그걸 알려주기 위해서다. 직원의 속성을 알고 어떤 상황에서 무슨 일이 일어날 수 있는지 알고 미리 대비하라는 것이다.

내가 장사를 시작했을 때 우리 어머니께서 항상 잔소리했던 것이 "직원 믿지 마라"였다. "사람을 왜 못 믿어?"라고 반응하곤 했는데, 장사를 해보니까 어른들이 하는 말이 '이래서 그렇구나' 하고 깨닫는 순간들이 있었다. 능력이 있는 직원이냐 능력이 없는 직원이냐에 무관하게, 직원들이 알아서 하는 법은 없다. 요새는 더욱 심하게 사장이 어떤 직원이든 컨트롤하면서 자신이 원하는 매장으로 운영할 능력이 필요하다. 예전에는 직원 한 명 잘 들어오면 매출이 많이 오르고 자리를 잡았지만, 이제 직원의 역량에 따라 달라지는 걸 바랄 수는 없다. 요새도 직원은 중요하지만 사장이 먼저 중요한 것들을 가르쳐야 한다.

지인이 단골로 다니는 이비인후과 이야기를 꺼냈다. 오래 다니던 곳이었는데 직원이 그만두는 경우도 있으니까 한 명씩 직원이 바뀌게 됐다. 그러다가 세 명이 모두 처음 갔을 때와 다른 사람으로 바뀌었는데, 세 명이 모두 외모가 평균 이하였다. 들쑥날쑥하지만 평균이 맞춰지는 것이 아니라 세 명 모두 어디 가서 말 못할 정도로 심했다. 궁금해서 원장님과 친척인지 물어봤는데 아니라고 했다. 아이들부터 노인까지 다 오는 이비인후과에서 아마도 개원 초기라서 신뢰가 없는 상태였다면 간호사 세 명의 얼굴을 보고는 못 갔을 것 같다고 생각될 정도였다.

그런데 병원을 오래 다니던 사람들은 원장님이 진료를 잘 보니까 상관없었다. 간호사는 그저 주사를 잘 놓고 내 순서만 잘 챙겨주면 됐다. 다행히 세 명이 모두 말귀를 잘 알아듣는 사람이라서 얼굴과 상관없이 계속 가게 됐다. 이사를 가서도 감기가 안 떨어지면 그리로 다녔다. 그러다 시간이 지나니까 '내가 봐도 저 사람들은 어디 가서 취업을 못 할 것 같은데'라는 생각이 들면서 의사가 다시 보였다.

시간이 지나면서 직원들도 서비스가 좋아지고 발전했고 '의사가 진짜 대단하다' 싶었다. '오죽했으면 외모는 배제하고 뽑았을까' 하는 생각도 들었다. 직원들 때문에 스트레스 받고 골치 아프니까 나중에는 못나도 괜찮으니까 지시를 잘 따라주는 사람을 뽑게 된 것이 아닐까 싶었다.

모든 교육은 고객 응대에 맞춰라 ———

면접볼 때
포장하지 말라

매장의 직원들은 같은 마인드를 가지고 팀워크를 발휘해 항상 성을 유지하는 것이 중요하다. 그래서 너무 뛰어난 직원은 솎아내 야 한다는 이야기를 한다. 뛰어나다는 것은 매출 기록이 높다는 것 인데, 판매에서 너무 독보적으로 뛰어나면 과잉매출은 아닌지 살펴 보고 제재를 가해야 한다. **너무 특출난 한 사람 때문에 다른 직원 들의 의욕을 꺾어 조직이 와해될 수도 있다.**

독보적인 것을 경계하라고 해서 고객 응대를 잘하고 성격 좋은 직원을 기 죽이라는 건 아니다. 자기 경쟁력을 갖춘 직원이 매장의 분위기 메이커가 되는 걸 나쁘다고 하는 것이 아니다. 오너들이 가 장 신경써야 할 것은 직원이 많을 때 매출에 대해 전체 밸런스를 맞추는 것이다. 직원이 한 사람일 때는 상관없다. 그 직원이 잘하면 그대로 사장의 수익이기도 하고 서로에게 좋은 일이다. 그러나 직원이 여러 명이면, 매출을 올리지 못하고 있는 직원은 따로 신경을 써줘야 한다. 만약 고가 소비를 할 만한 손님이 오면 "야, 너 한번 해봐" 하고 일부러 떠밀어준다. 그렇게 직원 배정을 조율해주면 잘하지 못하는 직원도 사장한테 고마워한다.

사장이 그런 걸 컨트롤해 주면 다 같이 잘할 수 있다. 그런 조율이 없으면 능력을 보여주고 싶고 사장한테 인정받고 싶고 독보적인 존재가 되고 싶어서 과하게 매출을 밀어버리는 직원이 나타난다. 그러나 사장의 입장에서 직원이 갖춰야 할 실력으로 매출만 볼 수는 없다.

처음에 직원을 쓰려고 면접을 볼 때는 우리 매장에 대해 좋은 것들만 얘기했다. 일하기 좋고 분위기도 좋고 다 좋다는 말뿐이었다. 장사한 지 30년이 지난 지금은 그런 말을 잘 안 한다. 말해봤자 거짓말이 된다는 걸 알았기 때문이다. 얼마 전까지 오는 사람 안 막고 가는 사람 안 잡았지만, **최근에는 오는 사람을 걸러내고 있다.** 오히려 "우리 안경원은 힘들어요. 엄청 바쁩니다. 그리고 저희는 매뉴얼대로 근무합니다"라고 얘기해준다. 좋은 얘기로 꼬셔서 직원이 들어왔다가 몇 달 후 나가면 분위기만 안 좋아지고 내 마음은 아프다. **그럴 바에야 10명 지원자 중에 한두 명만 입사를 결정하더라도 솎아내자 싶어서 지원자들이 싫어할 만한 걸 먼저 얘기하고 있다.**

마인드가 안 맞는 사람을 걸러내는 법

모든 교육은 고객 응대에 맞춰라 ———

구인광고를 보면 지원자들은 면접을 볼 수 있는지 문자를 보낸다. 그러면 나는 "우리 집은 손님이 많아서 힘든데 괜찮으시겠어요?"라고 보낸다. 그렇게 첫 번째로 거른다. 여태껏 편하게 일해왔던 사람은 오지 말라는 뜻이다. 답장을 안 보내는 사람도 있는데 아예 면접을 안 봐도 되니까 나도 이득이다. 그렇지 않으면 서로가 시간 낭비를 할 것이다.

그런데 "괜찮아요. 저는 바쁜 게 좋아요" 하는 사람이 있다. 그러면 면접을 보는데, 이렇게 1차로 걸러지면 잘 맞는 사람을 만날 확률이 50%가 된다. 면접을 보러 온 사람에게는 두 번째로 거르는 멘트를 날린다. 이때 대부분이 탈락한다. 어떤 지원자는 학교에서 조교도 하고 있어서 바쁜 것 같았는데, "제가 대충 하는 걸 싫어해서 조제, 피팅, 판매 등 모두 간섭하는데 괜찮으시겠어요?"라고 했다. 생각해보니 얼마나 스트레스 받겠나 싶었는지 면접이 끝나고 "집사람하고 상의해보고 연락드릴게요" 했다. 그럴 때 나는 대답한다. "연락 안 주셔도 됩니다. 여기서 들어보고 맞다 싶으면 하는 거지, 집에 가서 뭘 생각해요. 제가 왜 당신에게 면접을 봅니까? 괜찮습니다. 면접 지원은 없던 일로 하시죠."

이러면 지원자는 황당해서 멍해 있다. **여기서 얘기 다 들어봤으니까 결정하면 되지, 그런 사고력도 판단력도 없는 사람이면 무슨 일을 같이 할 수 있을까 싶은 취지다.** 다른 데 알아보시고 우리는 적합한 사람을 뽑겠다고 하면 어떤 사람은 "사장님, 그래도 참 대단하십니다" 하고 가는 경우도 있었다. 예전에는 생각해보라고 한 적도 있었지만 이제 "상의해볼게요" 하는 사람들은 안 오겠다는 표현으로 간주한다. 상의해본다는 건 내가 오케이를 해도 당신이 올까 말까 고민한다는 것이다. "그건 남의 기회를 뺏는 것이니까 아예 여기서 얘기를 해요"라고 대놓고 말한다.

면접 자리에서 올까 말까 고민하는 사람은 마음이 50%는 있는 것으로 간주하고 설득할 수도 있다. 예전에는 그렇게 하기도 했지만 지금은 의미가 없다고 생각한다. **말장난은 접어두고 그 자리에서 딱 정리하는 것이 피차 시간을 아끼는 길이다. 내 방식을 이해해주고 내 마인드를 따라올 수 있는 자질을 갖고 있는 사람을 고용해서 가르치는 게 맞다고 생각한다.**

물론 채용 기준은 언제든 바뀔 수 있다. 급하면 기준을 살짝 낮춰서 뽑으면 된다. 평소라면 60점은 안 뽑고 80점은 돼야 뽑는데, 매장의 상태가 당장 누구라도 업무 공백을 메워줘야 하는 상황일 수도 있다. 지금 당장 내리는 비는 피해야 되니까 그럴 때는 60점만 돼도 뽑는다. 대신에 대비는 해야 한다. 60점짜리 직원을 뽑으면 힘들어서 한두 달 내에 나갈 가능성이 크다. 급하니까 썼긴 하지만 그 사이 80점 이상의 직원을 빨리 뽑을 준비를 해야 한다. 드물긴 해도 60점짜리 지원자가 들어와서 적응하는 경우도 있는데 상황에 따라 대처하고 포용하면 된다.

모든 교육은 고객 응대에 맞춰라 ───

"네가 사장이라면 어떻게 할 것 같아?"

아무리 장사 철학을 공유한다고 해도 직원이 항상 사장 마음만 같을 수는 없다. 지금 시대는 다들 똑똑해서 그런지 직원들에게는 불만이 많다. 그런데도 직원들은 대체로 공식적으로 불만을 말하거나 요구를 요청하지는 않는다. 주로 그들끼리의 뒷담화를 하는데, 말을 하다가 사장이 지나가면 직원들은 이야기를 멈춘다. 그런 말들은 돌고 돌아서 내 귀로 들어오는 루트를 만들어놓으면 좋다.

그런 얘기는 직접적으로 듣기는 힘들지만, 예를 들면 건너 건너 소문으로 들을 수는 있다. 다 맞진 않지만 그래도 50%는 참고할 수 있다. 직원과 한 다리 건너 아는 사람이 우리 매장에 대한 말을 꺼낸다면 그건 안테나를 세워야 한다. 안경업계는 안경사들끼리 회사가 달라도 서로 친분이 있으니까 소문이 돌고 돈다. 외부 사람이 와서 "너네 이렇게 한다매?" 할 수도 있다. 최악의 경우에는 내 조직에 나의 마니아를 하나 만들 수 있어야 한다. 간단히 말해 일명 프락치다. 아니면 개인 면담을 통해서 은연중에 튀어나오는 말에서 뉘앙스를 읽을 수도 있다. 다들 자연스럽게 입을 닫고는 있지만, 그래도 말을 하다 보면 새어나오는 작은 정보들이 있다.

공식적으로 물어볼 때는 오너 앞에서 말을 잘 안 하기 때문에 수시로 그런 방법들을 써서 알아차리는 수밖에 없다. 사장이 눈치가 빨라야 불만이 뭔지 알 수 있다. 격려와 질책을 적절히 잘 섞어야 하는 것처럼, 직원의 불만에 대해서도 경청과 둔감 사이에서 밸런스를 유지할 필요가 있다. 흘러버릴 것, 귀담아들어야 할 것을 잘 구별해야 한다. 의미가 있는 것들은 빨리 수정해서 보완 사항을 반영해야 한다. 고객 만족으로 이어질 수 있는 사소한 것들을 해결하는 것이다.

역지사지로 생각해보기

매장은 양질의 서비스를 제공한다는 항상성을 유지해야 하는데, 여기에 방해가 되는 행동을 직원이 했을 때 사장은 화가 많이 난다. **직원에게 화가 났을 때는 부딪치지 말고 그 자리를 떠나라는 것이 나의 조언이다. 마음을 될 수 있는 대로 가라앉히**

는 것이 먼저다. 장사를 오래 하다 보면 내공이 생기지만, 전혀 화가 안 나지는 않는다. 사장이 화를 낼 때는 명분이 있어야 하는데, 직원들이 토를 다는 반응이 있다면 화를 내는 보람이 없어질 것이다. "저 사장은 자기 기분 나쁘면 화내고 소리 질러"라는 평가는 안 들어야 한다. 명분을 만드는 것도 연습이 필요하다. 적응이 되면 시도 때도 없이 성질내는 경우를 줄여준다.

아무리 직원들이 잘 해도 1년에 한 번 정도는 혼내는 일이 생긴다. 그리고 그런 무서운 모습을 보여줄 필요도 있다. 안 그러면 사장이 호구가 돼서 직원들이 자기 맘대로 하려는 하극상이 벌어질 수 있다. 매번 화를 내는 것도 안 좋지만, 매번 참는 것도 사실 안 좋다. 이건 마치 아이를 키울 때 야단치는 것과 똑같다. 잔실수를 할 때마다 큰소리치고 화내면 안 되고, 가장 큰 명분을 잡아서 한 번 크게 야단을 쳐야 한다.

이때 다른 말보다 가장 좋은 것은 역지사지다. 말을 안 들을 때 명분도 있어야 하지만, 했던 말 또 하고 또 하게 될 것 같으면 나는 마지막에 한 마디를 던진다. "네가 사장이라면 너는 어떡할래?" "네가 손님이었을 때 어떤 마음이었는지 생각해봐."

대부분의 직원들은 자신이 봐도 답답하니까 말을 못하고 가만히 있다. "입장 바꿔놓고 생각해봐. 네가 주인이라면 돌아서면 잊어먹고 해도 해도 끝이 없으면 어떻게 하겠냐?" 그러면 한숨을 뱉으면서 "미칠 것 같아요" 하는 직원도 있다. 사람은 느끼는 게 비슷하기 때문에 반응은 크게 다르지 않다. 물론 그런다고 해서 바로 바뀌지는 않겠지만 실제로 해보면 괜찮은 방법이다.

직원들에게 일을 시킬 때 직원이 싫은 티를 내면서 버거워하거나 감정이 실린 채 이견을 내면, 그 상황에 대한 합리적인 설명을 하기도 하지만 역지사지의 한 마디를 하면 직원들도 반성을 빨리 한다. 그 다음엔 할 수 있는 방법을 직원들이 알아서 찾는다. '내가 생각이 좀 짧았구나. 저 상황이면 사장님도 저렇게 나올 수가 있겠구나'하고 생각할 기회가 된다.

고객 응대에서도 역지사지가 되면 직원을 훈련시키기에 수월해진다. 직원이 응대를 잘 하려면 스스로 고객이 돼보고 어떤 생각이 들지 생각해 봐야 한다. 그럴 때 한 마디 해주는 것이다. "네가 쇼핑을 하고 있는데 직원이 그렇게 응대했다면 어떨까?"

진상 고객이 진상 직원 된다

며칠 전에 한 직원이 자신의 경험을 이야기하며 질문을 했다. 얼마 전에 밥을 먹으러 갔는데 식당이 마칠 시간 전이었다. 거기에 있는 직원들이 퇴근 시간 다 됐다며 아직 손님이 있는데도 집에 가고 싶어서 시계만 들여다보고 있고 자신에게 신경을 쓰지 않아서 생각을 해봤다고 한다. '내가 사장이라면 저런 직원을 어떻게 교육시켜야 할까?' 라는 생각이 들었고, 아주 불쾌해서 다시는 안 가고 싶었다며 나보고 "그런 직원에 대해서는 어떤 생각을 갖고 계세요?"라고 물었다.

나는 좀 다른 각도에서 이야기해주었다. "네가 고객 입장이었다면 충분히 기분 나쁘겠지. 그런데 우리는 장사하는 사람이잖아. 일반 고객이 보는 관점이면 네 말이 맞다. 그렇지만 너는 장사하는 직원인데 왜 그 식당 직원을 이해 못해줘? 주인들이 출근은 5분 전에 하라고 하잖아. 그러면 퇴근을 5분 전에 준비하는 게 잘못된 걸까? 서비스하는 직원도 집에 빨리 가고 싶은 건 똑같잖아. 사람은 다 그런 거 아냐? 그 상황에 기분이 나쁜 건 장사를 안 해본 사람들이 하는 생각이고, 너는 장사하는 직원이니까 달라야지. '이제는 마감시간대에 오지 말고 좀 일찍 와야겠다'라는 생각을 해야 되는 거 아냐?"

질문했던 직원은 예상치 못한 대답이었는지 잠시 멍하니 있었다. **"사장이 되는 조건이 뭔지 아냐? 자신을 평가할 수 있어야 된다. 자신도 컨트롤 못하고 평가하지 못하는데 남을 어떻게 평가해?** 나부터 알아야 갑질을 안 한다. 넌 아직 남을 평가할 자격이 없다"라고 말해주었다. 직원은 "아직 제가 먼 것 같습니다"라고 반응했는데, 이후로 장사 마인드가 한층 업그레이드될 것이라고 생각한다. 그는 퇴근 시간에 안경원에 고객이 들어왔을 때 싫은 티를 내는 법이 없고 워낙에 잘하는 직원이다 보니까 식당 직원에 대해 '왜 저렇게 할까' 생각한 것 같았다. **그러나 진짜 장사꾼은 장사하는 사람의 마음도 헤아릴 줄 알아야 한다.**

팔 때는 자기 입장에서 생각하고 살 때는 손님이니까 대접받아야 된다면 역지사지가 완전하지 않다. 손님으로 내가 대접받으려면 앞으로는 마감시간대에는 안 가면 된다.

◎ 순발력과 융통성을 키우는 시뮬레이션. 장사를 하면서 가장 어려운 것은 진상고객을 응대하는 것이다. 시뮬레이션에서 이걸 위주로 연습하면 도움이 많이 된다. 시뮬레이션의 장점은 멀티태스킹을 훈련할 수 있다는 것이다. 시뮬레이션은 인위적으로 최악의 극한 상황을 만들어서 하기 때문에 직원들 훈련이 가능하다.

◎ 멀티태스킹이 가능해야 실력자다. 생산성을 높이려면 1인 다역, 즉 고객 응대와 판매에서 두세 팀을 동시에 응대해야 한다. 그러면서도 고객만족은 떨어지면 안 되는데, 멀티태스킹을 하다 보면 위기의 순간들이 올 것이다. 그걸 최소화하면 경쟁력 있는 매장이 되고 실속까지 갖출 것이다.

◎ 장사 센스를 연습시켜라. 직원들의 장사 센스까지 원한다면 사장이 상주하거나 처음부터 끝까지 사소한 것들을 교육시켜야 한다. 그러나 하루에 한 번 가서 잔소리하는 방식이면 사장은 사장대로 열이 나고 직원은 '올 때마다 잔소리한다'고 생각하다가 서로 역효과가 난다. 이때는 직원의 장사 센스보다는 어떻게든 매장의 가치를 높이는 게 낫다.

◎ 상황별 현실적인 대처법. 클레임이 발생했을 때는 핑계나 변명, 혹은 고객을 가르치려는 자세가 아니라, 쉬운 용어로 고객을 이해시켜야 한다. 고객과 대화할 때는 끌려다니지 않고 상황을 장악할 수 있어야 하며, 선을 넘은 고객에게는 단호함을 유지할 수도 있어야 한다.

◎ 과잉친절은 고객에겐 부담이다. 과잉친절로 불필요하게 고객의 눈높

이를 높이면 고객의 욕심은 끝이 없기 때문에 항상성을 유지할 수 없다. 좋은 서비스란 고객이 진짜 서비스는 원하는 걸 해주는 것이다.

◎ 어떤 직원을 채용할 것인가. 사장 입장에서 봤을 때는 발전하고 성장하는 직원을 원한다. 오늘 못하는 건 상관없지만, 자기 위치에서 열심히 하려고 노력하는 직원인지는 눈여겨보게 된다. 잘하는 직원은 잘하는 대로 겸손한 마음으로 성장하기 위해서 노력하고, 못하는 직원도 성장하기 위해서 노력한다면 그 조직은 잘 된다.

◎ 장사에서 직원의 외모가 중요할까? 보통 오너들은 큰 매장일수록 직원의 비주얼을 많이 보고 뽑는다. 매장 오픈 초기에는 전략적으로 비주얼을 보고 뽑기도 한다. 하지만 자리를 잡아가면서 점점 마인드 위주로 직원을 뽑는다. 매장에 대한 신뢰가 생긴 상태일 때는 직원의 외모보다는 동일한 질의 제품과 서비스를 잘 제공하는 것이 중요하다.

◎ 면접볼 때 포장하지 말라. 면접 자리에서 올까 말까 고민하는 사람은 마음이 50%는 있는 것으로 간주하고 설득할 수도 있겠지만, 경험상 의미없다고 생각한다. 말장난은 접어두고 그 자리에서 딱 정리하는 것이 피차 시간을 아끼는 길이다. 내 방식을 이해해주고 내 마인드를 따라올 수 있는 자질을 지닌 사람을 고용해서 가르치는 게 맞다고 생각한다.

◎ "네가 사장이라면 어떻게 할 것 같아?" 아무리 직원들이 잘 해도 1년에 한 번 정도는 혼내는 일이 생긴다. 그리고 그런 무서운 모습을 보여줄 필요도 있다. 안 그러면 사장이 호구가 돼서 직원들이 자기 맘대로 하려는 하극상이 벌어질 수 있다. 매번 화를 내는 것도 안 좋지만, 매번 참는 것도 사실 안 좋다. 이건 마치 아이를 키울 때 야단치는 것과 똑같다. 잔실수를 할 때마다 큰소리치고 화내면 안 되고, 가장 큰 명분을 잡아서 한 번 크게 야단을 쳐야 한다.

모든 교육은 고객 응대에 맞춰라 ────

내가 심은 나무는

가지치기를 잘해야 오래간다

The tree I planted live a long time

when it is well pruned.

Chapter.5

직원을 성장시키면 매장도 잘 된다

적은 인원으로
생산성을 높이는 법

얼마 전에 안경테에 태그 붙이는 일에 아르바이트 직원을 채용했다. 도매에서 안경테가 오면 공산품품질관리법에 의해 안경다리에 라벨지와 소비자가격표를 붙여서 팔아야 한다. 두 개를 붙인 다음에는 도난방지 태그도 붙여야 한다. 이 일을 하는 데에는 공정이 4단계 정도 된다. 안경테 포장을 뜯고, 라벨지 찾아서 붙이고, 가격표를 찾아서 가격 확인하고 붙이고, 도난방지 태그를 붙이는 공정이다.

우연히 그걸 가만히 보고 있었는데 일하는 솜씨가 너무 비효율적으로 보였다. 안경테 박스가 쌓여 있는데 박스에서 안경테 한 개를 꺼내서 포장을 뜯고 라벨지 하나 찾아서 붙이고, 가격표

직원을 성장시키면 매장도 잘 된다 ─────

찾아서 붙이고, 도난방지 태그 붙이고 한 개 놓고, 또 안경테 하나를 꺼내서 스티커를 하나씩 찾아서 붙이고 놓는 걸 반복하고 있었다. 저러다가는 세월아 네월아 언제 끝날지 알 수가 없었다. 알바비는 시간당 금액이 정해져 있었고 금액도 컸다.

직원들이 일을 왜 이렇게 가르쳤는지 한숨이 나왔다. 오너는 생산성을 항상 생각하지만 직원들은 그렇지 않다. 알바비 투자를 이만큼 했으면 아웃풋은 얼만큼 나와야 한다는 걸 생각하지 못한다. 태그 붙이는 단순 작업이라도 안경테 하나를 들고 1단계부터 4단계의 공정을 일일이 다 하면 손이 4번 가야 한다. 시간이 오래 걸릴 수밖에 없다. 그렇게 일을 가르치면 알바도 일을 그렇게 할 것이고 시간은 오래 걸리고 비용은 더 들 것이다.

안경테 포장을 세 박스 한꺼번에 뜯고 라벨지를 찾아서 똑같은 걸 쌓아놓고 다 붙이고 나서 2번 공정으로 넘어가면 팔 동작만 해도 훨씬 빨라질 것이다. 그런데 한 개씩 뜯어서 하고 있으면 가격표 찾다가 볼 일 다 보는 거다. 단순 업무여도 같은 시간에 더 많은 효과를 낼 수 있는 걸 직원들은 생각하지 않는다.

만약에 사장이 없는 상태에서 그냥 알바를 썼다면 그런 단순 업무를 마치는 데에 시간은 더 걸리고 시간당 알바비는 한정 없이 더 써야 했을 것이다. 쓸데없는 곳에서 비용이 새는 것이다. 사장이 지켜보면 수정이 가능하지만, 직원들끼리 있을 때는 그런 쓴소리가 안 나온다. 알바비를 직원이 주는 게 아니기 때문에 몇 시간 만에 끝내는지는 중요하지 않다. 1시간이면 끝낼 일을 3시간 걸리더라도 일을 마치기만 하면 된다. 직원들이 그저 눈에 보이는 대로 단순하게만 생각하는 걸 방지하려면 사장이 항상 지켜보면서 일의 효율성에 대해 고민하고 지시해줘야 한다.

사람이 기계로 대체되고 있다

한국에 처음으로 여행 온 외국인들을 관찰하는 TV 프로그램을 보고 있었다. 어느 호텔에서 웰컴티 대신에 치킨을 주는데 그 배달을 서빙로봇이 하는 장면이 나왔다. 사람들이 그 모습을 보고 신기해서 너도 나도 나와서 구경하는 모습이었다. 치킨을 가져가고 확인 버튼을 누르자 서빙로봇이 다시 되돌아가는데 사람들은 손까지 흔들면서 배웅해주었다.

최근에 이런 서빙로봇이 도입되고 키오스크가 보급되면서 많은 매장들이 직원 수를 줄이고 있다. 우리 안경원도 그렇지만, 특히 음식점들이 그렇다. 얼마 전 비싼 가격의 샤브샤브집에 갔는데 주문을 테이블에서 태블릿으로 하는 곳이었다. 기본 세팅은 서빙로봇이 해주었고 나름대로는 편리하다고 느꼈다. 일 잘하는 매니저 한 명 정도만 있으면 고객이 컴플레인할 일도 별로 없겠다는 생각이 들었다.

직원을 성장시키면 매장도 잘 된다 ———

이런 현상은 앞으로도 더욱 보편화될 것으로 보인다. 혹시 서빙로봇에 불편한 점이 있더라도 업그레이드된 버전이 나올 것이고, 이것은 시대적 흐름이기 때문에 다시 사람을 쓰는 예전 모습으로는 돌아가지 않을 것이다. 손님이 많고 장사가 잘 되는 가까운 김치찌개 집에만 가도 직원은 주문만 받고 서빙은 로봇이 하는 모습을 볼 수 있다. 홀 직원이 5명은 있어야 했던 집인데 지금은 2명밖에 없다. 이 집은 대부분 재방문 고객이 많기 때문에 로봇이 반찬을 가져다줘도 별 거부감이 없다. 그런데 너무 바빠서 서빙로봇이 못갈 때도 있는데 그러면 직원이 갖다준다. 한번 경험해본 서빙로봇에 익숙해지고 주문은 밀리지 않고 인건비 때문에 가격이 오르지 않는다면 고객들도 나쁠 것이 없다.

일하는 능력은 특별히 상승하지 않았지만 권리 주장은 알차게 하는 직원들 덕분에 장사하는 사장들은 직원 스트레스가 아주 많다. 이전까지는 그 스트레스를 해결하기 위한 방법이 없었고 계속 사람을 쓰는 것이 아니면 장사를 할 수 없었다. 그런데 이런 대체 방안들은 계속 나올 것이고 경영하는 오너 입장에서는 도입 안 할 이유가 없다. 지금은 로봇이 배달 같은 단순 업무만 하지만 다음 스텝으로 응대하는 로봇도 나올 것이라 생각한다. 이것만 잘 해줘도 직원 수는 더 줄일 수 있다. 사람이 응대하면 컴플레인을 쏟아내지만 기계가 접수를 받으면 오히려 컴플레인도 줄어들 것이다. 오히려 장사하는 오너 입장에서는 경영이 수월해진다. 그런 면에서 보면 직원들도 채용 시장에서 살아남기 위해 더 적극적으로 능력 향상에 힘써야 한다.

서빙은 로봇에게 맡기고 우리가 할 일

직원 관리 스트레스를 줄이고 인건비도 줄이기 위해 인력을 대신하여 기계를 쓰는 동안에 사람은 뭘 해야 할까? 지금은 로봇이 몇몇 집에만 있지만 나중에 성능은 올라가고 가격은 다운되어 모든 가게가 로봇을 쓰기 시작한 후에는 어떻게 차별화할 수 있을까? 고객들 입장에서 로봇에 대한 신선함이 없어지고 당연해진 다음에는 그 집에 굳이 가야 될 이유를 따로 찾게 될 것이다. 이 점이 사장들이 고민해야 할 다음 스텝이다.

제품이나 서비스에 대한 확실한 차별화는 여전히 기본일 것이고, **내가 생각하기에 앞으로는 감성을 건드려야 한다.** 음식점을 예로 들면 앞으로는 요리도 로봇이 할 것이다. 로봇이 요리를 하면 정해진 양과 정해진 레시피대로만 할 것이다. 사람은 실수도 하고 청결하지 않을 수 있지만 로봇은 입력한 대로 정직하게 만들어내기 때문에 장점이 될 수 있다. 손맛은 없어지겠지만 그 대신 사장과 직원은 감성을 건드려주는 역할을 해야 한다.

예전에는 사람 대 사람으로 감성을 건드렸다면 요즘에는 그런 게 없다. 자장면 집이라면 주문한 자장면을 내려놓고 뒤도 안

직원을 성장시키면 매장도 잘 된다 ———

돌아보고 간다. 계산도 키오스크가 하기 때문에 사람과 사람의 접점이 줄어들었다. 신경 안 써도 장사가 되니까 좋다고 할지 모르지만, **장사가 오래 가려면 주인은 방문하는 손님에게 감성을 건드릴 수 있는 테크닉을 익혀야 한다.** 그러면 회전율이 높아진다.

단순 업무는 로봇이 하고 있다면 주인은 다니면서 기계가 하지 못하는 부족한 걸 채워줘야 한다. 음식점 같은 경우엔 좀 더 주면 된다. "반찬이 떨어졌어요"라고 부르기 전에 주인이 다니면서 살펴야 한다. 로봇이 단순 업무를 해주면 그런 걸 할 여유가 생긴다. 다니면서 인사를 하고 "또 오셨네요"라며 알은체를 한다든지, 사람만이 할 수 있는 일을 하는 것이다. 안면인식 로봇이 나온다 해도 사람이 알은체하는 것과는 다를 것이다.

그런 감성을 건드려주는 주인들이 앞으로는 장사를 더 잘할 것이 분명하다. 옛날에는 맛으로 승부했지만 감성을 건드리는 방법은 각자가 찾아야 한다. 그게 회전율을 높이고 계속해서 손님이 재방문하는 오래 가는 장사가 될 수 있다.

직원에게 알려주는
연봉 협상법

경영 측면에서 보면 1인당 2천만 원의 매출을 올릴 수 있으면 직원 1명을 고용해도 된다. 이건 오너 입장에서 생각해야 할 수치다. 반면 직원에게 설명하는 월급의 기준은 따로 마련해두어야 한다. 1인당 월 2천만 원을 올리라고 직원에게 말했다가는 부담감 때문에 과잉 매출을 추구하는 현상이 생겨서 고객들이 서서히 떠나가는 원인이 될 수 있다.

보통 직원들은 자신의 월급에 대해 통상적인 업계의 관행을 들어 이야기한다. 연차에 따라서 친구나 동기가 어느 정도 받는다는 걸 기준으로 삼는다. 그게 3천만 원이라면 플러스 마이너스 5% 정도 차이를 허용하는 것이다. 차이의 폭은 월 10만~20

직원을 성장시키면 매장도 잘 된다 ———

만 원 정도다. 나는 직원들 역량을 키우기 위해서는 그렇게 하면 안 된다고 결론내렸다. 앞으로의 시대에서 살아남으려면 자기 몸값을 할 수 있는 사람으로 키우고 싶었다.

업계마다 다를 수는 있지만, 직장에 들어온 지 3년이 지나면 프로 마인드를 갖출 수 있다. 3년이 되기 전까지는 업계 관행대로 초봉 얼마부터 시작해 1년 지나면 얼마 올려주고 하는 식으로 월급을 책정해도 된다. 프로가 되기까지는 배우는 단계이기 때문이다. 그런데 3년이 지나면 월급에 대한 직원들의 마인드를 바꿔줘야 한다. 직원은 평생 우리 매장에서만 일하는 게 아니기 때문에 월급을 통해 프로 마인드를 심어주면 앞으로 살아가면서 꼭 필요한 선물을 주는 셈이 된다.

월급은 사실 몸값이다. 몸값에 대해서 정당한 내 역할을 하는 순간 프로는 몸값이 올라간다. 스포츠선수를 생각해보자. 프로 선수는 몸값이 올라갈 때 기준이 없다. 전년도 실적에 따라서 협상하며, 연차나 나이가 어떤지는 따지지 않는다. 오로지 능력과 성적만 바라보는 것, 그게 바로 프로의 세계다. 직원들이 일을 잘하길 바란다면 이 사실을 가르쳐주고 프로로서의 성과를 요구해야 한다. 그런데 대부분은 희망하는 월급을 물으면 "내 친구가 얼마 받는데", "내 연차가 얼만데"라고 답한다. "그 수치가 어디서 나왔어요?"라고 물으면 답할 수 있는 직원들이 없다. 그게 직장인들의 모순이다.

　몸값에 대한 기준이 없으면 사장은 관행대로 월급을 주고 채용할 수밖에 없다. 면접을 볼 때 사장은 사실 지원자에 대해 모르기 때문에 원하는 대로 준다고 한다. 물건을 팔 때도 파는 사람이 이거 얼마라고 얘기하면 사는 사람이 오케이했을 때 매매가 성사된다. "내가 얼마 받고 싶다"는 것은 직원이 자신의 서비스 용역을 파는 것이다. 사겠다는 사장이 먼저 얘기할 수는 없다. 일단 오케이하고 채용했다면 그 다음 스텝은 오너가 책정할수 있어야 한다.

직원이 벌어야 할 순이익은 얼마?

　그 직원의 몸값이 비싼지 싼지는 매장마다 다르다. 장사가 잘되는 집에서의 몸값과 안 되는 집에서의 몸값은 달라야 한다고 생각한다. 사장이 돈을 못 버는데 종업원이 주인보다 더 많이 가져가는 것은 사리에 맞지 않는 이야기다. 사장의 마인드도 중요한데, 자신이 많이 벌면 직원이 연차가 적고 나이가 적어도 실적에 따라 돈을 더 줄 수 있는 마인드가 있어야 한다. 직원 덕분에 많이 버는데도 그만큼 안 주는 사장들도 있기 때문에, 지금처럼 젊은 직원들이 공정성을 부르짖는 시대적 흐름이 생긴 것이 아닐까 싶다.

직원을 성장시키면 매장도 잘 된다 ──────

직원 월급을 측정할 때 근거 없이 "너는 무조건 지금 많아"라고 말할 수는 없다. **이때 적용할 수 있는 것이 '최소 3배 이론'이다.** 업종마다 마진이 다르긴 하지만 평균적으로 고정비를 빼고 마진을 50%라고 해보자. 퇴직금 같은 기타 비용들도 있지만 단순하게 생각해보자는 것이다. 직원 월급이 300만 원이라면 이 사람이 벌어들여야 할 순이익은 3배인 900만 원이다. 그러면 이 사람이 벌어야 할 매출은 마진을 50%로 보면 최소 1,800만 원이다. 그러면 왜 순이익 3배를 벌어야 될까?

순이익 900만 원 중에 3분의 1은 직원이 가져간다. 또 3분의 1은 가게 월세도 내고 재료값도 지불하고 기타 여러 가지 유지비를 쓰는 데 들어간다. 다음으로 마지막 3분의 1은 직원도 300만 원 벌었으니까 주인한테도 300만 원을 벌어주는 것이다. 장사할 수 있는 공간을 마련하고 시스템을 세팅하고 유지하는 일을 하는 주인이 일한 값을 떼어주는 것이다. 그러면 서로 같은 금액을 나누는 것이니까 공평해진다.

순이익 3배는 최소한의 수치이기 때문에 이 기준의 성과를 못내는 직원은 최소한의 일을 못하고 있는 것이다. 예를 들어 300만 원 월급 받으면서 1,500만 원 매출을 올린다면 주인은 월급이 아까울 것이다. 잘 못하고 있을 때는 근거를 제시하면서 "이 정도는 해줘야 하지 않겠니"라는 말을 할 수 있다. 월급은 받는 사람도 미안해하지 않아야 하고 주는 사람도 아깝다는 생각이 없어야 된다. 그게 가장 공평한 것이다. 그런데 받는 사람은 미안하거나 월급이 많아 부담스럽고 주는 사람은 아깝다면 그 관계는 오래 가지 못할 것이다.

직원들 중에 최소 3배가 아니라 4배, 5배를 파는 사람이 있다면 그는 사장이 보기에 예뻐 보인다. 사장이 생각하는 마지노선은 1,800만 원의 매출인데, 2,500만 원의 매출을 올리고 있다면 고마운 게 당연하다. 그러니까 그만큼의 추가된 순이익에 대해서는 사장이 모두 자기 주머니에 넣으면 안 된다는 것이다. 그걸 직원에게 돌려줄 수 있는 마인드가 돼야 한다. 이제 세상이 바뀌었기 때문이다. '돈은 내가 벌어다줬는데 주인이 다 가져가네'라고 생각하면 최소 3배 이론은 더 이상 직원들에게 동기부여가 되지 못한다.

나는 직원들에게 이곳을 퇴사하더라도 자기 역할을 정확히 하고 자기 몫을 충분히 챙길 수 있는 이 사회에 필요한 사람이 되기를 바라기 때문에, 연봉 협상하는 법을 가르쳐주는 셈이다. 면접을 볼 때 희망 연봉을 이야기하면서 이런 말을 해주면 설사 채용이 성사되지 않았어도 "큰 거 배우고 갑니다. 여태껏 이런 걸 몰랐습니다"라고 고마워하는 사람도 있다. 어디를 가더라도

직원을 성장시키면 매장도 잘 된다 ———

순이익 3배보다 성과가 높아진다면 충분히 사장에게 더 어필할
수 있게 된다.

프로 세계에 관행은 통용되지 않는다

그동안 급여에 대한 최소한의 근거를 제시해주는 오너들이
없었기 때문에 직원들은 업계 관행을 따라갔을 것이다. "내 친구
는 얼마 받는데", "연차가 얼만데" 이렇게 하다 보면 실질적인 능
력이 커지지 않는다. 그냥 단순하게 1년의 시간이 지났다고 급
여를 얼마 올려주는 것으로는 성장하지 못한다. 실력을 월급에
반영하면서도 숫자적으로 동기부여를 할 수 있는 환경을 만들어
야 한다. 그렇게 하면 근거가 있는 객관적인 평가가 되기 때문에
불공평하다고 말할 직원은 없다. 매장 유지를 위해서는 비용이
나가고 사장도 돈을 벌어야 한다는 걸 직원들도 안다. 직원이 가
져간 만큼 사장도 가져가는 것이라면 합리적인 계산법이 된다.

만약에 직원이 마지노선인 순이익의 3배보다 실적을 더 올린
다면 프로 세계의 원칙대로 다음 연봉협상을 할 때 근거를 가지
고 이야기할 수 있다. "1년 지나고 연차가 더해졌으니까 20만 원
올려주세요"가 아니라 충분히 객관적인 수치가 나왔기 때문에
직원도 요구할 수가 있다. 다만 프로가 되기 전까지 3년 동안은
조용히 그냥 배우는 시간으로 삼으며 관행대로 올려주면 된다.

2024년 기준 최저임금을 월급으로 계산하면 206만 740원이다. 최저임금이 올라가면서 연차가 쌓여도 월급을 많이 못 올려주는 상황은 모든 업계가 비슷할 것이다. 예전의 임금 상승을 기준으로 이야기하면 몇 년치 월급을 한꺼번에 받는 셈이다. 옛날에는 200만 원 월급을 받기 위해서 몇 년을 고생하며 배워야 되던 것과 달라진 세태이다. 그러다 보니 기업에서도 인턴을 뽑기가 곤란해졌다. 일할 줄 모르는 신입을 최저임금을 줘가면서 인턴으로 뽑기는 부담스러운 것이다. 동시에 젊은 직원들도 '그거 받고는 일을 못하지'라는 마음으로 바뀌었다. 자신이 근무하는 업계 사정이나 자신의 실력과 상관없이 삼성전자, 구글처럼 받아야 된다고 생각하는 걸 볼 수 있다.

글로벌 대기업들은 연봉이 높아도 고용에 보장이 없다. 해고는 자유롭고 주 52시간 근무는 실제로 지켜지지 않는다. 지인들의 이야기를 들어보면 새벽에 나가서 늦게 온다. 너무 바쁘니까 밥도 회사에서 먹을 수밖에 없다. 높은 연봉은 그만큼의 노동력 제공을 의미하기도 한다. 그 안에서 직접 일하지 않는 젊은 직원들의 상상과는 다를 수 있다.

최근 중국에 『공을기(孔乙己)』라는 책이 회자된다고 한다. 이 소설은 과거에 급제하지 못한 채 주점을 전전하는 주인공 공을

기의 삶을 담고 있다. 공을기는 과거시험에 목숨 걸다가 몰락한 지식인으로 밥벌이조차 못 하면서도 끝까지 선비라는 체념을 차리며 허드렛일 따위는 거들떠보지도 않는 인물이다. 현대 중국의 고용 시장에 한파가 몰아치고 극심한 취업난에 대학을 졸업한 청년들이 번듯한 직장을 찾지 못하고 있는데, 정작 청년들은 눈에 차지 않는 직장은 원하지 않는 자신의 신세를 공을기에 빗대 이야기하는 게 유행처럼 번진다고 한다. "내가 공을기가 될 줄은 상상도 못했다"라는 식으로 자조 섞인 말을 하는 것이다. 한국의 젊은이들도 정도의 차이는 있지만 비슷한 면이 있다.

남들은 편하게 일하면서 돈을 받는 줄 알고 나는 여기서 바보같이 손해 보고 일하는 것 같아서 이래저래 조건을 따지는 건, 급여 책정의 기준을 생각해보지 않았기 때문이다. **월급을 책정할 때 사장이 근거를 제시하면 직원들도 성장하는 계기가 된다. 그 근거에 따라 직원들도 일을 잘할 수 있는 방향을 생각할 수 있다.** 단순히 쪼는 것과는 다르다.

다양한 가격의 상품이 있고 흥정이 있는 장사를 하는 안경원은 직원이 안경사다. 역량에 따라 매출이 달라질 수 있는 업종이다. 안경원에도 안경사만 있는 게 아니라 사무직이 있지만 그들은 따로 관리한다. 단순 업무에서 매출과 연동하는 급여 책정은 안 된다. 안경사는 매출을 일으키고 고객 응대를 하기 때문에 최소 3배 이론을 적용할 수 있다.

정가로 팔리는 음식점 같은 곳은 직원이 추가 주문을 받거나 메뉴 추천을 통해 매출을 충분히 일으킬 수 있다. 말 한 마디 센스 있게 잘 하면 1만 원짜리 먹을 걸 1만5천 원짜리 먹을 수도 있다. 한 번 왔던 사람이 두 번 올 수도 있다. 재방문을 일으키거나 테이블 회전을 빨리 할 수 있도록 사장은 자기 업종에 맞게 보상 시스템을 고민해봐야 한다. 보상이 없으면 그냥 일하지만 보상 시스템이 있으면 자꾸 동기부여가 된다.

직원을 성장시키면 매장도 잘 된다 ———

사람들은 누구나 비교를 하면서 살아간다. 말로 내뱉지 않더라도 스스로 '우리 집은 가난하다', '내 얼굴이 잘 생겼다' 같은 비교를 한다. 그런데 막상 타인을 통해 비교를 당하면 싫어한다. 직원들도 마찬가지여서 "누구는 잘했다", "누구는 못했다"고 비교당하면 자존심 상한다고 생각하고 스트레스 받는다고 얘기한다. 멘털이 약한 청년들이 맥 빠질까 봐 비교하는 말은 될 수 있는 대로 입밖으로 내놓지 않지만, 그래도 비교를 전혀 안 할 수는 없다. **비교는 성장의 발판이 되기 때문이다.**

비교에는 수직비교와 수평비교가 있다. 옆에 있는 동료들과 비교해서 말하는 건 수평비교다. 같은 테두리 안에서 '누구는 잘

하네, 못하네' 이야기하면 사람들은 아주 싫어한다. 공개적으로 말하면 자존심 상해서 일 못하겠다며 나가버리는 직원도 많다. "여기는 매출에 대해서 너무 스트레스 받는다"고 얘기한다. 고객 관리 프로그램(CRM)으로 직원들의 개인당 매출을 볼 수 있도록 오픈했던 적이 있는데, 몇 년 전부터는 이걸 수정했다. 순수하게 자기 실적을 보고 자신을 객관화해서 분석해보라는 의미였는데 그렇게 받아들이지 않았다. 내가 의도한 건 '옆에 있는 친구가 잘하네. 그럼 나도 잘 해야지'라는 분위기를 만들려는 것이었는데, 어느 날 보니까 의도와는 반대로 분위기가 흐르고 있었다. 그런 맥락에서 지금의 한국 사회에서는 인센티브 제도도 성공할 수 없다는 생각이 든다. **지금은 직원들이 매출 실적을 나만 볼 수 있게 바꿨다.**

스스로 분석하고 스스로 발전하라고 했던 수평비교가 실패했다면, **직원들의 자기 발전과 성장을 위해 이제 할 수 있는 것은 수직비교에 의한 평가관리다. 이것은 자기 스스로를 객관화해서 수치를 비교해보는 것이다. 자신의 이번 달 매출을 평가하기 위해 자신의 저번 달 매출과 비교하는 것이다.** "저번 달 매출은 좋았는데 이번 달은 왜 이래?" 하는 비교는 무리가 없다. 또는 "저번 달에 전체 직원들 평균 매출이 2천만 원이었는데 너는 평균보다 낮구나"라고 비교해주면 직원들도 받아들인다.

직원을 성장시키면 매장도 잘 된다 ────

기준을 세우면 비교에 명분이 생긴다

콕 집어서 누구보다 '너는 어떻다'라는 일대일 비교가 아니기 때문에, 수직비교에서는 자존심 상할 일이 없다. 그러면 "저번 달은 무슨 일이 있었다"라고 자기 합리화를 하는 일은 있지만, 비교 대상이 되는 누군가에 대한 시기, 질투의 미운 마음이 안 생긴다. 비교 대상이 전체 매장의 평균이거나 자신이기 때문이다.

"우리 매장에 직원이 7명 있는데 5명은 이번 달 매출이 유지가 됐고, 딱 2명이 매출이 떨어졌다." 이런 식으로 말하면 공개적인 자리에서도 비교가 가능하다. 직원들끼리는 그 2명이 누군지 대충 안다. 개인 면담에서 말했다면 "그래요? 어느 정도 떨어졌어요?" 하고 관심을 보인다. 그럴 때는 "많이 떨어졌어. 이러면 안 되지. 좀 잘 해라" 같은 말을 할 수가 있다. 이럴 때는 자기 성장이 들어간 비교를 할 수 있다. 자신을 업그레이드할 수 있는 방향으로 유도하는 방법이다.

예전에 보험회사 대리점에서 개인별 영업 실적을 게시판에 붙여놓은 모습을 본 적이 있다. 영업 분야에서도 이런 게시 형태가 많이 바뀌어간다고 한다. '일신우일신(日新又日新)'이라는 말이 있다. 날마다 새로워지고 발전해야 한다는 뜻인데, 어제와 다른 조금 더 나아진 자신이 될 수 있도록 자극을 줘야 직원도 발전하고 매장도 발전한다. 앞으로의 시대에 사장은 이런 성장시키는 일까지 필수적으로 해야 하기 때문에 업무가 훨씬 늘어날 것이다.

옛날엔 이랬다며 그냥 장사하는 것보다 제대로 하려면 직원들이 잘할 수 있는 여건을 만들어주는 데까지 신경써야 한다.

직원에 대한 평가는 성장을 위한 평가여야 한다. 그저 비교 평가를 하기 위한 평가는 의미가 없다. 학교에서 시험을 보는 것은 자신의 실력을 높이고자 하는 것이다. '저 친구보다 내가 얼마나 더 맞았나' 확인하기 위한 목적이 아니다. 그걸 젊은 직원들이 받아들이기 힘들어한다면 수평 평가는 버리면 된다. 옛날에는 학교 벽에 전교 1등부터 꼴등까지 붙여놓고 그걸 보며 동기부여를 삼았고, 잘한 사람에게 박수도 쳐주었다. 그렇지만 요즘엔 그게 도움이 안 된다.

사장은 직원의 성장을 위한 도구들을 여러 가지 방법으로 강구해야 한다. 직원 성장과 매출 증가는 같은 말이라고 받아들여야 한다. 직원이 성장해야 매장이 발전하기 때문이다. 직원의 생산성이 향상되어 매출이 오르면 창출된 이익은 다시 직원에 대한 보상으로 가도록 선순환을 만들어줘야 한다. 고객 만족을 직원 만족으로 연결시키는 것이다.

직원을 성장시키는
목표관리

매장이 잘 되려면 매출을 올릴 마케팅만 생각하는 것이 아니라 직원의 성장에도 관심을 가져야 한다. 직원이 열심히 성장을 거듭하면 매장은 자동으로 성장한다. 대부분의 오너들은 이 부분에 대해 고민을 잘 안 하는데, **직원들이 자꾸 생각하고 고민하게 만들고 목표의식을 설정해줘야 한다.** 반강제적으로 잊을 만하면 한 번씩 생각거리를 툭 던져주는 시스템을 만들면 좋다.

사장이 직원에게 생각의 자극을 주려면 관계 형성을 긍정적으로 유지해야 한다. 실질적으로 사장과 직원은 매일 같이 있지만 그럼에도 불구하고 멀어지는 관계가 될 수 있다. 나중에는 직원들끼리 똘똘 뭉치고 사장만 외톨이가 되는 경우도 있다. 원래 고용으로 얽힌 주종관계는 섞일 수 없는 면도 있어서 같이 술을 먹는다든가 밥을 먹는다든가 놀러간다든가 하는 관계 형성의 노력을 하기도 한다. 그런데 코로나 팬데믹을 지나면서 그런 것들도 확실히 멀어진 시대가 되었다. 대신에 카카오톡이라는 비대면 도구를 활용하면 된다.

우리 안경원에도 전체 직원들이 모여 있는 카톡 대화방이 있다. 물론 직원들끼리 하는 카톡도 있지만, 내가 포함돼 있어서 전체 공지사항을 수시로 올릴 수 있는 방이 있다. 또 직원 한 명과 내가 일대일로 연결된 개인 카톡도 활용한다.

개인 카톡으로는 직원들도 나에게 전달 사항을 올린다. 실수가 있어서 후속조치가 필요한 것이라든지 자질구레하게 사장이 알아야 할 것들을 보고용으로 올린다. 전에는 개인 카톡으로 매출 보고를 올렸던 적도 있었는데, 부작용이 있어서 지금은 안 시키고 **그날 응대했던 고객 수를 보고하는 것으로 하고 있다.** 다음날 아침에 출근하면 포스 데이터로 다 볼 수 있지만, 그렇게 함으로써 일을 잘했는지 못했는지 한 번쯤 생각해보게 하는 것이다. 그런 게 없으면 자기 마음대로 하게 되고 반성할 기회가 없다. 가져가는 월급에 비해 너무 터무니없으면 사장한테 미안해지고 책임의식도 생긴다.

관계 형성을 위한 노력으로 개인 면담을 하기도 하는데, 그때는 개인의 문제를 이야기할 기회가 생긴다. 예전엔 개인 면담을 한 달에 한 번 했다가 요즘엔 간격이 길어지고 있다. 분기에 한 번 또는 6개월에 한 번 정도 한다.

생각할 수 있는 자극을 주어라

우리 안경원에서 직원 성장을 위한 노력으로 시행하고 있는 세 가지 기본 교육을 소개한다.

첫째, 인성 교육을 틈틈이 반복한다. 세상의 이치를 알려줌으로써 직원과 사장 사이, 직원과 고객 사이의 관계를 원활하게 유지하려는 노력이다.

둘째, 매월 초에 직원들에게 개인적인 목표를 받는다. 직원들은 이걸 하기 싫으니까 잊어버리곤 하는데, 강제성을 띠었을 때는 부작용이 있으니까 재촉하지 않고 알면서도 놔두기도 한다. 학생들도 공부 좀 하라고 너무 자주 말하면 반발을 하는 것처럼 주의하는 것이다. 그러면 두 달 정도 안 할 때도 있다.

원래는 매달 초 5일 안에 보내라고 했지만 소식이 없으면 잔소리를 하기도 한다. "매달 목표 보내는 게 그렇게 힘들어? 세상 사는데 어떻게 목표 없이 살아? 한두 시간만 생각해보면 되겠다.

그래 가지고 어떻게 사장 될래?" 내 자식이라고 생각하면 한번씩 자극을 주면서 생각할 기회를 주고 싶다. 나중에 목표 달성률을 체크하는 건 아니고 그저 자극을 던져보는 것이다. 그 자체가 배우는 것이다.

직장생활을 하면서 목표를 한번쯤 생각해본 직원과 그저 팔기만 한 직원은 나중에 결괏값이 다를 것이다. 나중에 40대가 지나고 '그때 손 대표한테 잘 배웠다'고 내 얼굴이 한 번은 기억날 것이다. 나는 그런 사장이 되고 싶어서 자주 이야기한다. "안 해도 되는데 왜 굳이 시키겠냐. 내 밑에 있을 때 잘 배워둬라."

셋째, 책 리뷰나 리포트 같은 숙제를 자주 낸다. 생각할 수 있는 환경을 조성하는 것이다. 특히 책을 접할 수 있는 기회를 매달 월급날과 가까운 날짜에 제시해주면 좋다. 아버지가 책을 읽으면 자식은 자연스럽게 책을 보게 되는 것처럼 가장 중요한 건 보고 배울 수 있는 사장의 모습이다. 그래야 거부반응이 없다. 사장이 책을 많이 읽는 걸 알면 그중에 한 권을 권하는 것이기 때문에 받아들일 마음이 생긴다.

1년에 한 권 정도는 책을 사주고 독후감 식으로 리뷰를 제출받을 때도 있다. "이번 달은 원하는 책을 한 권 사서 나한테 카톡을 올려라. 다음 달에는 개인 후기 발표할 거니까 준비해라." 이런 식으로 반강제라도 좋으니까 생각하는 시간을 만들어준다. 직원의 성장은 한끗 차이다. 직원이 너무 기계화되고 매뉴얼에 집착하면 융통성이 있어야 하는 장사에서는 유연하게 대처할 수 없다. 독서교육은 필수는 아니지만 우리 매장에서 일하는 동안은 최소한의 습관을 들여주기 위해서 너무 쪼이지 않는 선에서 한 번씩 툭 던져보고 있다.

사장은 세상 학교의 선생이다

나는 사장의 덕목 중 하나는 직원을 발전시키는 것이라고 생각한다. 월급과 노동력을 서로 주고 받는 것이 끝이 아니라 직원은 이곳에서 많이 배우고 성장하는 것을 목표로 삼고, 사장은 자꾸 간섭하고 컨트롤해줌으로써 직원이 더 나은 인생으로 갈 수 있게 하는 것이다. 평생 내가 데리고 있는 건 아니지만 어른으로서 선배로서 가르쳐줄 수 있는 게 있어야 한다고 생각한다.

직원이 제대로 일하려면 사장은 교육할 수 있어야 한다는 생각을 안 하는 경우도 많다. '왜 내가 직원들 교육까지 시켜야 돼?'라고 생각하는 것이다. 그러나 이곳은 학교 공부가 끝나고 오는 세상 학교이고 사장은 세상 학교의 선생이라고 생각하면 어떨까? 사장은 직원이 잘할 수 있도록 방향 제시는 해줘야 한다. 그런 측면에서 보면 교육은 필요하고 사장은 그걸 제공해줘야 한다.

내가 30년간 장사를 하면서 느낀 것은 학교 선생님들도 스스로 공부를 하면서 가르치듯이, 사장도 여러 가지를 공부하고 얘기해줄 거리가 있어야 한다는 것이다. 공부를 안 하면 사장과 직원이 함께 뒤처지고 만다. 직원들에게 그저 "열심히 일해"라는 말만 한다면 스트레스는 많고 발전은 없는 매장이 되는 것이다. 지금의 장사는 그래서 더 어렵다. 직원교육을 하는 것은 힘들지만 멈출 수는 없다. 멈추는 순간 뒤로 후퇴하고 말 것이다. 공부하고 교육하는 것으로 앞으로 쭉쭉 나아가지는 못해도 유지는 할 수 있다.

학생 교육보다 직원 교육이 더 어려운 건 이곳이 세상이기 때문이다. 학교에서는 모르면 처음부터 끝까지 다 가르쳐주겠지만 세상은 그럴 수가 없다. 원칙을 하나 가르쳐줬으면 직원들이 실전에 적용해보면서 무수히 생각해보고 고민하면서 응용할 수 있어야 한다. 그런 면에서 장사를 배우는 동시에 세상을 배우는 것이다. 이게 잘 된다면 직원은 이곳을 나가서 나중에 무엇을 하든지 좀 더 업그레이드된 삶을 살 수 있을 것이다.

그렇지만 직원 교육의 기본은 아기 다루듯이 조심하는 것이다. 무조건 몰아붙이듯이 과하게 하지 않는 것이 요령이다. 직원입장에서는 윽박지르는 것처럼 느낄 수 있다. 학교 다니는 아이에게 자꾸 공부해라 공부해라 해봤자 듣기 싫어하는 것처럼, 나만 안달 나서 자꾸 밀어붙이는 것은 금물이다. 주기적으로 툭툭 자극을 주면서 생각을 환기시켜 주는 것이 좋다. 동기부여가 될 수 있게 자연스럽게 영향을 미쳐야 한다. 직원들의 멘털이나 실력이 준비되지 않은 상태에서 너무 강하게 하면 튕겨나가는 법이다. 다만 마냥 풀어주는 것도 좋지 못하니까 그래도 1년에 한두 번쯤은 강하게 쪼여줄 필요는 있다.

직원에게
성장의 기회를 만들어라

우리 매장에서 3년 이상 일했던 직원을 독립시켜 준 경우가 있었다. "너는 독립해도 돼"라고 했던 기준은 서비스 마인드와 안경사로서의 실력이 갖춰졌을 때다. 실력이 없으면 고객 만족이 안 되고 서비스 마인드를 갖추지 못하면 장사 센스를 발휘할 수 없다. 평소에 나는 직원들을 세심히 살펴보는데, 친절도 중요하지만 고객 만족도라든지 클레임 상황에서의 대화법을 눈여겨 본다. 센스가 있는 직원은 원론적으로만 대하는 게 아니라 문제 해결을 해나가는 모습이 다르다. 고객이 다시 찾아주는 회전율까지 좋으면 독립해서 자신의 매장을 해보라고 권하고 있다.

서비스 마인드와 실력은 기본적으로 사장이 갖춰야 할 것들이다. 연차가 3년밖에 안 됐어도 이런 사장의 가치를 갖추고 있

직원을 성장시키면 매장도 잘 된다 ──────

는 사람은 독립해도 된다. 서비스 마인드 중 가장 중요한 건 장사 센스여서 이게 없으면 진짜 고객이 원하는 걸 끌어내지 못해서 잘 해주고도 욕먹는다. 또 고객에게 만족을 제공한 것을 확실히 해두려면 생색을 내야 한다. 이게 훈련이 안 돼 있으면 생색 내는 연습도 해야 한다.

실력은 있는데 센스가 없으면 장사하기가 힘들다. 장사의 성공값은 매장의 가치와 사장의 가치와 직원의 가치를 합한 것이라고 했다. 그중 매장의 가치는 예전에 비하면 점점 그 중요성이 줄어들고 있다. 자리가 나빠도 잘 되는 집은 잘 된다. 사장의 장사 센스와 직원의 장사 센스가 좋으면 멀어도 고객들은 그 집을 찾아온다.

이 장사 센스를 나는 '장사의 끼'라고도 표현한다. 이 부분이 영 시원찮은 직원이 있으면 "넌 장사하지 마라"고 이야기한다. "너와 맞지 않으니 딴 걸 해라"고 말한다. 실력은 있는데 장사의 끼가 없어서 사장의 가치가 좀 떨어지면 큰돈 벌 생각은 하지 말고 그냥 월급쟁이로 사는 게 현명한 선택이다. 실력은 월등하진 않지만 평균은 되고 장사의 끼가 있다면 충분히 커버가 되기 때문에 주인이 될 수 있다. 완벽한 100점의 실력을 갖추라는 건 전문가의 시선에서 볼 때 하는 말이다. 손님은 디테일 부분까지는 잘 모르는 사람이 많아서 보통 사람이 하는 실력 평가는 100점이 아니어도 된다.

그러나 서비스 마인드는 사람의 감정에 영향을 주는 것이기 때문에 누구든 비슷하게 느낀다. "저 사람은 장사 수완이 참 좋아"라는 말은 어떻게든 손님을 기분 좋게 해주니까 다음에 또 오게 만들고 다시 오면 만족을 채워주기 때문에 나오는 평가다. 부정적인 감정으로 도착한 고객도 긍정적인 감정으로 바꿔주는 능력이다. 말솜씨가 좋든 가격 할인으로 만족을 주든 사은품을 챙겨주든 뭔가를 해주면 된다. 고객이 그 매장에서 어쨌건 기분 좋게 결제하게 만드는 수완이 있어야 한다.

보상으로 받은 여유시간을 활용하는 법

우리 안경원에서는 직원 수를 줄이고 생산성은 높이는 시스템을 만들면서 급여 체계도 바꾸었다고 하였고, 사람이 가진 에너지는 유동적이고 사회적 흐름으로 주 5일 근무를 시행하고 있다.

사실 장사에서 매장이 이틀이나 쉬는 것은 권하고 싶은 일이 아니다. 그래서 교대 근무 스케줄을 잘 짜서 매장은 일요일만 쉬지만 직원은 주 5일 근무를 시행하고 있다. 아직까지는 이게 직원의 에너지 축적에 도움이 되는 것 같지는 않다. 일을 하는 것도 감각이기 때문에 리듬이 있다. 그런데 일의 연속성이 끊기면 다시 적응을 하는 데 시간이 걸린다. 술을 먹거나 여행을 다녀오고 나서 그 다음날 출근하면 하루 반나절 이상은 일의 리듬을 찾는 데 다 소비한다. 여름휴가가 끝나고 왔거나 명절 연휴가 끝나고 왔다면 일주일은 리듬이 흐트러지기도 한다. 평상시와 완전히 다르다는 게 사장의 눈에는 보인다.

그래도 시대가 바뀌었는데 직원들에게 시간적 보상을 주는 건 나쁜 일이 아니다. **대신 직원들에게 "쉬는 건 좋은데 그만큼 발전을 위해서 시간을 잘 써라"라고 이야기해주고 있다.** 시간을 제대로 활용하지 못하면 워라밸(Work and Life Balance)을 찾다가 일의 질을 떨어뜨린다. 인생이 달라지려면 여가 시간을 잘 보내야 한다. 여자친구 만나서 커피 마시고 여행 다니고 놀러다닐 수는 있지만 그게 전부여서는 안 된다. 세미나를 간다든지 공부를 한다든지 인생을 바꿀 도구들을 찾는 시간이 더해져야 인생은 희망적일 것이다. 오로지 개인적 유희와 쾌락을 위해서만 시간을 쓴다면 오히려 주 5일 근무는 독이 될 것이다.

우리 매장에서 돈 벌어주는 직원이 될지, 사장이 공을 들여서 잘 키울 수 있는 직원이 될지는 여가 시간을 어떻게 보내는지에 따라 달라질 것이다. 직원들에게 쉬는 날에 뭘 했는지 물어보면 사실은 다 보인다. 승진은 모르겠지만, 보너스를 더 받고 연봉을 올릴 기회가 있는데도 기회를 자진해서 박탈당하는 직원들이 분명히 있다.

어느 회사에서 디자인팀 막내 디자이너가 연봉 협상을 하면서 페이퍼를 하나 가지고 왔다. "디자인 시안을 잡을 때 회사에서 요구하는 건 2개를 제출하는 것이었는데, 대표님이 제안한 콘셉트로 A안, B안 말고도 제가 따로 C안을 해서 보여드렸습니다. 그중에서 채택된 게 몇 개였어요. 그리고 대표님이 얘기하셔서 컬러리스트 자격증을 땄습니다." 이렇게 똘똘한 직원이 예뻐 보인 그 회사 대표는 연봉을 파격적으로 올려줬다. 1년 차 신입이라는 건 중요하지 않았고 3년 차 디자이너보다 훨씬 낫다고 생각했기 때문이다.

이런 이야기를 직원들에게 해줘도 행동을 바꾸고 안 바꾸고는 결국 본인 마음이다. 다만 우리 매장에서 근무할 동안만큼은 나도 어른으로서 성장을 자극하는 이야기를 해주고 있다. 내가 이렇게 말하면 직원이 이렇게 바뀔 것이라는 기대는 접었다. 그렇지 않으면 내가 화나고 내가 상처받기 때문이다. **그보다는 '어른으로서 할 말은 해줘야지' 하는 마음이다.** 똑같이 최첨단 기계를 구비해줘도 어떻게 써먹느냐에 따라 결과가 달라지는 것처럼, 똑같이 좋은 방향 제시를 해줘도 사람에 따라 받아들이는 것은 다르다. **그래도 사람에 실망해서 마음을 놓아버릴 일은 아니라고 생각한다. 직원의 성장을 밀어주는 것이 곧 사장의 역할이기 때문이다.**

3분 요약 체크-Chapter.5 직원을 성장시키면 매장도 잘 된다

◎ 적은 인원으로 생산성을 높이는 법. 오너는 생산성을 항상 생각하지만 직원들은 그렇지 않다. 단순 업무여도 같은 시간에 더 많은 효과를 낼 수 있는 걸 직원들은 생각하지 않는다. 이를 방지하려면 사장이 항상 지켜보면서 일의 효율성에 대해 고민하고 지시해줘야 한다. 앞으로 AI와 로봇이 보편화될 시대에 대비해 채용 시장에서 살아남기 위해 직원들도 더 적극적으로 능력 향상에 힘써야 한다. 예컨대, 그런 시대에 더욱 부족해지기 쉬운 사람과의 접점, 감성 터치 등에 더 세심한 서비스를 제공할 수 있는 테크닉을 위해 노력해야 할 것이다.

◎ 직원에게 알려주는 연봉 협상법. 경영 측면에서 보면 1인당 2천만 원의 매출을 올릴 수 있으면 직원 1명을 고용해도 된다. 하지만 이건 오너 입장에서 생각해야 할 수치다. 반면 직원 월급을 측정할 때 근거 없이 "너는 무조건 지금 많아"라고 말할 수는 없다. 이때 적용할 수 있는 것이 '최소 3배 이론'이다. 업종마다 마진이 다르긴 하지만, 평균적으로 고정비를 빼고 마진을 50%라고 해보자. 직원 월급이 300만 원이라면 이 사람이 벌어들여야 할 순이익은 3배인 900만 원이다. 그러면 이 사람이 벌어야 할 매출은 마진을 50%로 보면 최소 1,800만 원이다. 어디를 가더라도 이처럼 순이익 3배보다 성과가 높아진다면 충분히 사장에게 더 어필할 수 있게 된다.

◎ 직원의 성장을 위한 평가관리. 직원에 대한 평가는 성장을 위한 평가여야 한다. 비교에는 수직비교와 수평비교가 있다. 옆에 있는 동료들과 비교해서 말하는 건 수평비교다. 그런데 젊은 직원들이 이를 받아들이기

힘들어한다면 수평 평가는 버리면 된다. 그다음으로 직원들의 자기 발전과 성장을 위해 할 수 있는 것은 수직비교에 의한 평가관리. 이때 직원 성장과 매출 증가는 같은 말이라고 받아들여야 한다. 직원이 성장해야 매장이 발전하기 때문이다. 그리고 직원의 생산성이 향상되어 매출이 오르면 창출된 이익은 다시 직원에 대한 보상으로 가도록 선순환을 만들어줘야 한다. 그리하여 고객 만족을 직원 만족으로 연결시키는 것이다.

◎ 직원을 성장시키는 목표관리. 나는 사장의 덕목 중 하나는 직원을 발전시키는 것이라고 생각한다. 매장이 잘 되려면 매출을 올릴 마케팅만 생각하는 것이 아니라 직원의 성장에도 관심을 가져야 한다. 월급과 노동력을 서로 주고 받는 것이 끝이 아니라 직원은 이곳에서 많이 배우고 성장하는 것을 목표로 삼고, 사장은 자꾸 간섭하고 컨트롤해줌으로써 직원이 더 나은 인생으로 갈 수 있게 하는 것이다. 평생 내가 데리고 있는 건 아니지만 어른으로서 선배로서 가르쳐줄 수 있는 게 있어야 한다고 생각한다.

◎ 직원에게 성장의 기회를 만들어라. 시대가 바뀌었는데 직원들에게 시간적 보상을 주는 건 나쁜 일이 아니다. 대신 직원들에게 "쉬는 건 좋은데 그만큼 발전을 위해서 시간을 잘 써라"라고 이야기해주고 있다. 여가 시간에 세미나를 간다든지 공부를 한다든지 인생을 바꿀 도구들을 찾는 시간이 더해져야 인생은 희망적일 것이다. 오로지 개인적 유희와 쾌락을 위해서만 시간을 쓴다면, 오히려 여가는 일의 리듬감을 끊는 독이 될 것이다. 똑같이 최첨단 기계를 구비해줘도 어떻게 써먹느냐에 따라 결과가 달라지는 것처럼, 똑같이 좋은 방향과 시간을 제공해줘도 사람에 따라 받아들이는 것이 다르다. 그래도 사람에 실망해서 마음을 놓아버릴 일은 아니라고 생각한다. 직원의 성장을 밀어주는 것이 곧 사장의 역할이기 때문이다.

장사는 평생
내가 나를 고용하는 일이다

얼마 전 지인이 해준 이야기가 있다. 살고 있는 동네에 가장 장사가 잘 되는 커피숍으로 A, B 두 군데가 있는데, A는 유명한 프랜차이즈 커피숍이고 B는 유명하지 않은 곳이라고 한다. 두 곳은 코로나 팬데믹으로 오프라인 상권이 어려울 때도 테이크아웃이 가능하기 때문에 장사가 잘 됐다. B는 먼저 생긴 곳으로 장사가 너무 잘 돼서 사장이 다른 동네에 매장을 하나 더 냈다. A는 버블티 전문점이라 중·고등학생들이 자주 가는 곳이고, B는 커피가 맛있어서 어른들이 자주 찾는 곳이다.

지인은 부부가 모두 B 커피숍에 자주 가는데, 그곳은 음료 하나를 살 때마다 포인트가 쌓이고 그게 적정수가 누적되면 무료로 음료를 마실 수 있기 때문에 아이들이 엄마 없이도 가서 포인트로 음료를 살 수 있어서 편리하다고 한다. 어느 날 지인은 B 커피숍에 갔는데 이곳에서도 포인트 적립은 하기 때문에 궁금증이 생겨서 물어보았다. "포인트를 어느 때 어떻게 써야 돼요?" 그런데 응대하는 사람이 하는 말이 "전 알바라서 몰라요"였다. 한참 전에 오픈할 무렵에도 같은 질문을 했었는데 최근에 일하는 사람이 바뀐 것 같아서 다시 물어본 것이었는데 여전히 답을 들을 수가 없어서 참 기분이 상했다고 한다. 더군다나 옆에 일하는 선배가 있는데도 듣고도 모른 척하고 아무 말이 없었다.

요새 그런 유명 브랜드 매장은 사장이 직접 운영하는 곳이 많지 않다. 잘 된다는 시스템을 믿고 자금을 투자해서 알바로 매장을 돌리는 방식으로 돈을 버는 것이다. 업에 대한 사명감이나 고객 만족 서비스 개념은 찾아볼 수 없다. 그냥 '팔리니까' 하는 것이다. 그런데 개인이 하는 매장은 다르다. 사장이 먹고살기 위해 고객 서비스에 신경 쓴다. 브랜드 매장에 자금을 넣을 만큼 돈이 없기 때문에 자기 이름을 걸고 스스로 매장을 운영한다. 그런 사람은 처음부터 끝까지 하나하나 신경쓴다.

직원이든 알바든 기본적으로 고객이 비용을 지불하고 나면 궁금해할 만한 것들은 다 가르쳐야 하는 것이 맞다. 그런데 보통 매장에서 알바는 단순히 파는 것만 배우고 깊숙한 시스템이나 세밀한 매뉴얼은 배우지 않는다. 주인이 없는 매장에서 고객과 관련해 유연하게 대처하려면 주인을 대타할 수 있는 매니저를 고정시키든지 아니면 주인이 상주해야 한다. 그렇지만 요새는 키오스크를 도입해서 응대도 안 하고 매장을 돌리는 것이 아주 쉬워졌다. 그냥 음료만 만들어 주면 끝이다. 지인의 말에 의하면 앞의 A 커피숍은 키오스크 용지가 떨어졌는데도 그걸 몇 달째 새 걸로 갈아 끼우지 않아서 영수증이 필요한 사람은 키오스크를 못 쓰고 카운터로 이동해서 주문을 하고 있다고 한다. 알바생이 관심 없어서 용지가 떨어진 걸 사장에게 얘기하지 않는 건지, 사장이 얘기를 듣고도 아쉬울 것 없어서 조치를 취하지 않는지는 알 수 없다.

지금 시대에 대한민국 장사하는 집에서 주인이 상주하고 있는 곳은 많지 않다. 그저 자본가들의 싸움이 된 건 아닌가 싶을 때도 있다. 이 책은 그런 장사 형태가 아니라 치열하게 돈을 벌어야 하는 초보 사장들을 위한 책이다. 아마 자본가형 사장들은 이 책을 보고 웃을지도 모르겠다. "내가 이렇게까지 하느니 안 하고 말겠다"고 말할지도 모른다. 그렇지만 결국 어떤 형태의 장사든 이런 디테일한 부분을 다 알고 실행해야 돈 버는 장사가 가능하다. 자본금을 빵빵하게 갖고 있어서 프랜차이즈를 여러 개 운영하는 사람이어도 이런 디테일을 알고 있어야 제대로 돈을 남길 수 있다. 그렇지 않으면 자본금을 까먹거나 현상 유지 정도인 사람들이 비일비재하다. 브랜드를 한 번 잘못 골랐다가 투자금을 날리거나 그저 운에 맡기는 장사가 돼버리는 것이다.

30년 경험으로 내가 해석하기에 장사란 무엇보다 길게 하는 일이다(원래는 아니지만 한자로 '長事'라고 해석해 보았다). 포인트는 딱 그것이다. 그저 1차원적으로 내가 원하는 업종에서 물건을 파는 것이 전부가 아니다. 사장은 고객 만족의 심리를 알고 장사를 오래하려면 뭘 해야 할지 고민하고 답을 찾아내는 역할을 하는 사람이다. 사장도 능력을 갖춰서 잘 해야 하지만, 매장에 수시로 변화를 주고 직원도 고객 응대를 잘 할 수 있도록 여러 가지를 다 챙겨야 한다.

우리나라에서는 돈이 된다고 하면 사람이 몰리고 유행도 빠르다. 유행이 바뀌니까 업종을 바꿀 수는 있다. 위치를 바꿀 수도 있고 핵심 상품을 바꿀 수도 있다. 그렇지만 장사는 오래 할 수 있는 일이어야 한다. 우리가 직업을 선택할 때 오래할 수 있는 게 많지 않지만, 장사는 평생 내가 나를 고용하는 일이다. 그래서 퇴직도 없다. 안타깝게도 장사를 단타성으로 치고 빠질 수 있다고 생각하는 사람이 많은데 그렇지 않다. 길게 보고 판단해야 하는 일이 장사이기 때문에 공부가 필요한 것이다.

부족하나마 4권의 『장사 교과서』 시리즈(사장편, 매장편, 고객편, 직원편)를 집필했다. 부디 장사와 관련해 고민하고 꿈을 꾸고 희망을 만들기 위해 열공이 필요한 그런 분들에게 도움이 되길 바라는 마음이다.

쓴 저환

장사를 하려면
경영학 책은
버려라

장사 교과서 ① 사장편

손재환 지음 | 18,000원

고객의 마음을 사로잡는 장사의 비법,
내가 나를 고용하는 장사의 가치를 확실히 깨닫고 추구하자

이미 규모 면에서 소박한 장사의 사이즈를 넘어선 사업을 운영하고 있지만, 본인의 정체성을 '장사'로 표현하기에 일말의 주저함이 없는 장사의 고수, 손재환 대표. 그 자신감과 그를 장사 고수의 경지에 이르게 한 원동력이 바로 이 책 《장사 교과서》① 사장편 속에 고스란히 녹아들어 있다. 초심을 잃지 않고, 본래의 가치에 충실한 장사란 어떤 것이며, 어떻게 업(業)의 생명을 길게 이어 나갈 것인지에 대한 모든 비밀을 이 책 속에서 찾아보자. 장사를 업으로 삼는 모든 이들의 곁에 둘 필독서로서 자신있게 권한다.

당신의 매장에
마법을 불어넣을
비법!

장사 교과서 ② 매장편

손재환 지음 | 18,000원

장사에 필수인 매장관리 기법의 정수를 숨김없이 공개한다.
경쟁 업체 사장에게 숨기고 싶은 책, 《장사 교과서 ②매장편》

바야흐로 장사의 전성시대이자 장사가 가장 고전하는 시대이다. 책과 방송, 유튜브를 비롯해 곳곳에서 장사에 관련된 콘텐츠들이 넘쳐나면서도, 반면 장사를 했다가 망하는 자영업자들이 이토록 넘쳐나는 시절이 있었던가 싶은, 대한민국 서민들의 깊게 팬 주름살 하나하나를 그대로 반영하는 삶의 풍속도가 우리 앞에 더없이 리얼하게 그려지고 있는 시대이다. 그리고 그 풍속도의 가장 정면에서 보이는 것이 바로 장사의 실제 현장, 매장이다. 따라서 이 책 《장사 교과서 ②매장편》은 그 매장을 가장 효율적이고 매력적이게, 그리고 매출 발생을 극대화할 수 있는 방식으로 집필되어 있다.

갖가지 유형의
고객을 만족시키는
노하우

장사 교과서 ③ 고객편

손재환 지음 | 18,000원

고객만족을 위한 노력으로
성장의 한계를 극복하는 긍정 마인드!

이 책을 통해 장사를 시작하는 독자들이 얻을 수 있는 가장 소중한 프로의 자세라면 바로 '예민한 고객을 만족시키면 장사는 롱런한다'는 손재환 대표의 가르침이다. 결국 장사에서 고객, 사장, 직원은 매장이라는 공간 속에서 매매라는 행위를 위해 서로 함께할 수밖에 없는 존재들이다. 그리고 이 일상의 공간 속에서 나의 한계를 극복하는 자세를 갖출 수 있는 사람이 진정한 고수이자 프로이다. 삶의 현장 속에서 닥치는 고비를 스승으로 삼아 자신의 한계를 극복해 내는 손재환 대표의 자세를 통해 독자들도 새로운 장사의 단계로 한 걸음 나갈 수 있기를 바란다.

플랫폼과 콘텐츠의
관계 분석

애프터 코로나 비즈니스 4.0

선원규 지음 | 18,000원

강력한 생태계를 만들어가는 플랫폼 사이에서
생존하는 콘텐츠를 발견하라!

앞으로의 미래 시장에서 살아남으려면 플랫폼과 콘텐츠 중에서 어떤 것에 중점을 두어야 할까? 이 책은 이 문제에 대해 해결점을 찾아갈 수 있도록 플랫폼과 콘텐츠를 자세히 다루고 있다. 현 사회와 플랫폼과 콘텐츠의 상관관계를 이야기하며 플랫폼과 콘텐츠 사업모델의 다양한 종류를 소개한다. 또한 어떻게 해야 강력한 플랫폼과 콘텐츠를 만들 수 있을지 그 전략을 설명하며 앞으로의 미래 시장의 전망을 다루고 있다. 이 책을 통해 수많은 콘텐츠가 유입되는 사랑받는 플랫폼, 플랫폼의 러브콜을 받는 콘텐츠를 개발할 수 있을 것이다.